LA RÉVOLUTION FRANÇAISE
ET L'ABOLITION DE L'ESCLAVAGE

TEXTES
ET
DOCUMENTS

TOME XI

RÉPUBLIQUE FRANÇAISE
UNE ET INDIVISIBLE

EDHIS
EDITIONS D'HISTOIRE SOCIALE
10, RUE VIVIENNE
PARIS

— XI —

LA REVOLUTION FRANÇAISE
ET L'ABOLITION DE L'ESCLAVAGE

La collection « La Révolution française et l'abolition de l'esclavage » comprend au total quatre-vingt-neuf titres répartis en douze volumes, qui forment quatre séries:

A - *La traite des Noirs et l'esclavage, tomes I à V.*

B - *La Société des Amis des Noirs, tomes VI à IX.*

C - *La révolte des Noirs et des Créoles, tomes X et XI.*

D - *La législation nouvelle, qui, avec une table générale des douze volumes et un index, forme le XIIe et dernier volume.*

*LA RÉVOLUTION FRANÇAISE
ET L'ABOLITION DE L'ESCLAVAGE*

XI

LA REVOLTE
DES NOIRS
ET DES CREOLES

**

RÉPUBLIQUE FRANÇAISE
UNE ET INDIVISIBLE.

EDHIS
EDITIONS D'HISTOIRE SOCIALE
10, RUE VIVIENNE
PARIS

TABLE DU TOME XI

10 Corbin (Lucidor F.): Discours de la citoyenne Lucidor F. Corbin, Créole Républicaine, prononcée (sic) par elle-même au Temple de la Raison, l'an 2° de la Liberté. - Paris, chez Colubrier, graveur, s.d., 2 pp.

11 Larchevesque-Thibaud (G.J.B.): Lettre d'un colon de Saint-Domingue à un de ses amis. - (Paris), Imprimerie Ch. Desbrière, s.d. (an IV), 1 f. non chiffré et 13 pp.

12 Toussaint-Louverture: Extrait du Rapport adressé au Directoire exécutif par le citoyen Toussaint-Louverture, général en chef des Forces de la République française à Saint-Domingue. - Au Cap Français, chez P. Roux, s.d. (an V), 40 pp.

13 Dufay (Louis-Pierre): Opinion sur le titre III de la résolution soumise au Conseil des Anciens, concernant l'organisation de la Constitution dans les Colonies. De l'état et des droits de citoyen pour les Noirs dans les Colonies. - (Paris), Baudouin, s.d. (1798), 12 pp.

14 Toussaint-Louverture: Réfutation de quelques assertions d'un Discours prononcé au Corps législatif le 10 Prairial an cinq, par Viénot-Vaublanc. - S.l. (Le Cap), s.d. (brumaire an VI), 32 pp.

15 Mentor (Etienne-Victor): Conseil des Cinq-Cents. Discours prononcé dans la séance du 12 prairial an 6. - (Paris), Imprimerie Nationale, an 6, 3 pp.

16 Mentor (Etienne-Victor): Conseil des Cinq-Cents. Discours sur le projet de résolution tendant à faire annuler les dettes contractées pour achat de Noirs. Séance du 24 Vendémiaire an 7. - (Paris), Imprimerie Nationale, brumaire an 7, 4 pp.

17 Thomany (Pierre): Conseil des Cinq-Cents. Motion d'ordre sur l'anniversaire de la liberté des noirs dans les colonies françaises. Séance du 16 pluviôse an 7. - Paris, Imprimerie Nationale, pluviôse an 7, 4 pp.

18 Constitution de la Colonie Française de Saint-Domingue. Du 17 août 1801 (29 thermidor an 9). - Paris, Imprimerie du Dépôt des Lois, s.d. (1801), 12 pp.

PRÉCIS

DES

GÉMISSEMENS DES SANG-MÊLÉS

DANS LES

COLONIES FRANÇOISES.

Par J. M. C. Américain, Sang-mêlé.

A PARIS,

Chez Baudouin, Imprimeur de l'ASSEMBLÉE NATIONALE, rue du Foin Saint-Jacques, N°. 31.

1789.

PRÉCIS

DES

GÉMISSEMENS DES SANG-MÊLÉS

DANS LES

COLONIES FRANÇOISES.

***

A NOSSEIGNEURS

LES RÉPRÉSENTANS DE LA NATION.

L'Ambition et la cupidité ont fait naître dans les isles lo préjugé de la couleur : ce préjugé fatal a plongé les Sang-mêlés dans les plus grands malheurs , sous le prétexte politique de nécessité et de sureté. Interprétant contre nous tous les Édits et Règlemens relatifs aux Nègres , jugeant notre classe d'après quelques vagabonds errans dans les Villes , il n'a cessé d'appesantir ses chaînes : profitant de notre inexpérience , de notre patience , sous le vernis de la subordination , il n'a cessé de nous vexer et de nous avilir. Il calcule chaque instant de notre existence ; il pèse l'air que nous respirons ; il est parvenu enfin à tromper le Ministère, et à faire sortir plusieurs Ordonnances où nous avons vu, dans une douleur profonde , que notre Monarque confondoit avec les esclaves de ses Colonies , des Régnicoles affectueux et fidèles , des hommes nés libres et François, aussi précieux que les autres Sujets Européens, à la Culture , au Commerce , aux Arts, à la Population.

L'on a dépouillé les Sang-mêlés des grades de Capitaine, d'Officier, et de leur État-Major dans les Milices. Ils n'ont aucune voix délibérative dans les Assemblées; leurs droits même n'y sont jamais représentés.

Soit dans le Civil , soit dans le Militaire, toutes les marques d'honneur et de distinction , toutes les places lucratives et susceptibles de quelques émolumens, leur sont refusées.

Notre alliance est notée d'infamie , notre société même est une tache.

Nous avons été tous contraints par le Gouvernement de changer de nom, et d'en prendre un autre sous l'idiôme africain, en payant une somme de 3 livres.

Plusieurs générations Sang-mêlés furent reconnues blanches par Arrêts du Conseil, parce qu'elles étoient opulentes.

Soit devant l'Homme d'Eglise, soit au Dépôt des Archives, soit devant l'Homme Public, il faut avoir à la main le témoignage honteux de son avilissement; et notre généalogie maternelle, cherchée jusque dans l'Afrique, est spécifiée au long sur les registres.

Plusieurs Jurisconsultes, malgré quelques vertus en nous quils sont forcés d'avouer, autorisent et trouvent justes les voies de fait envers nous.

A la moindre résistance, les prisons, les cachots sont ouverts, les chaînes se font entendre, le Bourreau est armé du glaive, et c'est au nom chéri de notre Roi!

Les préambules coloniaux, à la réception aux places éminentes, sont toujours greffés d'axiomes ridicules et infamans contre nous.

En instance, les Satellites du Barreau annoncent au Dépositaire des Loix la couleur des Parties : cet avertissement est toujours sinistre pour nous.

Arrachés de nos travaux, chaque semaine, pour le service du piquet, nous sommes consignés à la porte des Commandans, Majors, Syndics, pour servir d'émissaires. C'est là qu'à leur gré, les caprices, la vindication , et des intérêts odieux , sous le nom de corvée , molestent , fatiguent et emprisonnent ses malheureuses victimes.

Il nous fut ordonné personnellement de faire les travaux des esclaves dans les anciens Gouvernemens , dans les Bureaux des Classes. Il y eut plusieurs Ordonnances pour nous défendre habit taffetas , voiture , robe , etc. ; d'autres , portant atteinte à notre probité pour l'emploi des métaux ; quelques défenses aux Maîtres ès-arts , afin de limiter leurs instructions pour nos enfans. Il fut agité de nous ôter toute propriété dans les Villes , de nous faire marcher pieds nuds , et de nous rendre esclaves pour dette.

A notre dégradation et impuissance civile , se joignent des licences , des humiliations , des indignités les plus cruelles , de la part des Blancs les plus vils , dans nos amusemens , dans nos fonctions subalternes , jusque dans nos actes les plus sérieux , les plus authentiques , même aux pieds des Autels : à notre égard , rien n'est sacré , pas même notre existence. Il ne faut qu'entrouvrir les fastes des Archives , s'ils sont respectés du préjugé , pour être étonné de voir à quel excès de déprédation on a porté son despotisme.

En proie à toutes les passions violentes, écrasés sous tant de foudres, quel est donc notre crime ? Avons-nous tramé quelques conspirations contre les Loix de notre Patrie , contre les intérêts du Prince ? A-t-on jamais vu en nous le moindre effet du désespoir, malgré les vexations toujours renouvelées ? et peut-on être fondé à nous supposer une prédilection plus particulière pour l'esclavage que pour la liberté ?

La couleur des Noirs désigne l'Afrique ; elle seule, sous nos Loix, est astreinte à quelques redevances envers leur patron : sa destination est connue. La couleur des Sang-mêlés désigne l'Amérique ; ce Continent , ni la Constitution de la Monarchie Françoise ne connoissent point d'esclaves dans leurs Citoyens originaires. C'est donc encore une injustice de nous confondre avec les Nègres , injustice d'où naît leur insubordination extrême envers nous. On voit des Africaines sortant des fers, portant même des vestiges du châtiment de leur méchanceté, avoir pour esclaves des Mulâtres', des Quarterons , des Tiercerons , fruits du libertinage des Européens : voilà où cette malheureuse couleur est réduite.

A 4

Le tissu seul de ces êtres devroit briser leurs chaînes et les affilier à l'Etat : par quelque établissement on pourroit les diriger à devenir de bons Matelots ou Soldats, qui serviroient de rempart aux Colonies. Il ne convient pas à la majesté de la Nation de voir son sang dans les fers sous sa domination.

Quelle douleur bien plus vive pour ceux qui naissent sous des nœuds respectables, et pour des Citoyens recommandables, qui ont des propriétés, qui payent avec joie les impôts et charges publiques, et qui ont montré, dans tous les temps, un dévouement inviolable, de voir toute leur génération à jamais en opprobre et en horreur, sans autre délit que leur couleur !

Ce tissu rouge, blanc, ou demi-teinte, n'obscurcit pas les étincelles divines que l'Être Suprême souffle sur ses enfans ; son soleil brille également sur eux, tous lui sont également chers.

En considérant les forces physiques des Isles, leur climat et leur importance ; la situation des possessions considérables de Saint-Domingue ; le grand nombre et la population des Nègres esclaves ; celle des Af-

franchis noirs; la population et le nombre
des Sang-mêlés, celle des Blancs; le caractère distinctif de chaque Classe, leurs rapports et les agens puissans qui les meuvent;
l'émigration des fugitifs, leurs irruptions
funestes dans les habitations; la position inquiétante des Cultivateurs en temps de guerre;
l'heureuse sérénité des Isles étrangères où
n'existe pas le préjugé du tissu, les événemens passés et ceux que votre prudence
peut prévoir; enfin si des raisons de propriété, de commerce, de politique laissent
exister l'esclavage des Noirs, il paroît important et même instant de donner l'essor à nos
ames, de mettre en vigueur l'Edit du Code
Noir de 1685, et de donner des concessions
dans ces montagnes qui causent de vives
alarmes : nonobstant l'augmentation des revenus du droit d'Octroi et les avantages du
Commerce, les Colonies trouveroient une
pépinière d'êtres vraiment libres, pleins de
zèle, de courage et de nerf au besoin.

L'habitant ou l'artisan Sang-mêlé a mille
écueils sous chaque pas; et malgré sa prudence, son activité, ses talens, s'il n'a pas
une existence civile, s'il n'a pas quelque
influence sensible et personnelle à la chose

publique, s'il n'est pas protégé également des Loix, c'est un être malheureux que vous forcez à vous maudire vous et sa Patrie.

La nature et des raisons transcendantes indiquent la ligne de démarcation qui doit ranger tous ces divers alliages de progéniture : c'est le mulâtre. Les conjonctures actuelles semblent même cumuler cette assimilation. Dès-lors tous les ressorts simplifiés et renforcés seroient conjointement liés dans leur juste organisation pour la sécurité des Colonies.

O Nation généreuse et puissante ! qui connoissez la tyrannie du despotisme et le prix de la liberté, c'est à vous à résoudre ces problêmes. Vos enfans, réellement malheureux, accablés sous le poids d'un préjugé désespérant, du sein de leurs foyers au-delà des mers, élèvent leurs foibles et tremblantes voix vers vous pour réclamer votre humanité ; ils vous demandent instamment de les réhabiliter dans tous les droits de l'Homme et du Citoyen, de leur donner une force cohérente à l'intérêt général, et d'allumer dans leurs ames affaissées l'amour de la Patrie, en détruisant tous les abus et toutes les clameurs coloniales. Si nous sommes initiés également dans toutes les fonctions des opérations de l'Administration, si vous nommez des Notables surveillans à l'harmonie des Isles, si les Administrateurs sont obligés , après leur mission , de justifier leur conduite devant vous pour recevoir vos hommages ou votre réprobation, vos Décrets seront exécutés ; alors l'égoïsme fera place au patriotisme, au vrai mérite , à la justice ; vous connoîtrez la valeur et l'importance de vos Colonies.

Moyens naturels, raisonnables et de-
sirés, de mettre un frein au liber-
tinage affreux des Isles, et d'abo-
lir le Commerce infâme du Sang
François.

Les habitations sont presque toutes autant de sérails pour leurs Propriétaires,
les Procureurs, les Gérens, les Économes.
Ce qui met le divorce parmi les Esclaves,
porte dans l'ame de ces malheureux le dé-
couragement, l'anxiété, la vengeance, et ils
font éclater tous les crimes qu'inspire cette
brutale passion. La crainte et l'espoir em-
pêchent l'Esclave de se refuser aux desirs
de ses Maîtres; il s'ensuit une dépravation
de mœurs scandaleuse, entraînant souvent
des suites fâcheuses et des atrocités abominables.

Pour arrêter ce progrès détestable du libertinage effréné et des abus infâmes, contraires à la Religion, à la nature, et à la
constitution même des Loix de la Monarchie, par un Edit du Souverain, il seroit
à propos d'y établir un asyle respectable,
sous le nom d'Ordre, pour ramasser et éle-

ver tous les Sang-mêlés qui naîtront dans l'esclavage.

A quoi sert cette population méprisable , si, en respectant les droits de la Nature , elle n'est dirigée au bien et à l'utilité des Colonies ?

Tout Mulâtre , Quarteron, Métif, Tierceron , etc. tous connus sous le nom générique de sang-mêlé en naissant , seroit par droit de la Nature né libre , et au rang des autres sujets du Prince, sans égard à la condition de la mère.

Pour tout Mulâtre, Quarteron, Métif, etc. qui naîtroit dans les fers , de la débauche des gens à gages, des errans ou vagabonds Européens, sur l'aveu seulement de la mère et des semi-preuves des maîtres desdites esclaves, il seroit sévèrement retenu une somme sur les appointemens, émolumens ou propriété de ces libertins pour former une amende de . . . . . au profit dudit établissement, et ceux qui seroient sans aveu et hors d'état de payer ladite amende, seroient punis provisoirement comme avilissant les droits de la nature, et contrevenant aux bonnes mœurs et à l'ordre des Colonies.

Tout Mulâtre, Quarteron, Tierceron, etc.

venant d'un commerce illicite des Maîtres avec leurs esclaves, en naissant dépendroient dudit établissement; les maîtres seroient obligés de donner la liberté ratifiée à la mère, et de payer une amende de...... il pourroit cependant être loisible auxdits maîtres d'élever leurs enfans bâtards.

La pension alimentaire seroit affectée de droit audit établissement, en cas de mort de l'enfant, jusqu'à l'âge prescrit par les Loix : l'amende seroit exigible à chaque être qui naîtroit avant la ratification.

Chaque ratification coûteroit trois mille livres des Colonies, dont deux seroient versées dans les caisses du Roi, et l'autre tiers seroit consacré audit établissement.

Si l'esclave qui a conçu l'enfant appartenoit à un autre Maître, le père reconnu paieroit le prix qu'elle seroit estimée : l'estimation en seroit faite par trois Notables du lieu, ayant au moins 40 ans, suivant la capacité de ladite Esclave, mais qui n'excéderoit pas la somme de 4000 livres des Colonies, quelque talent qu'elle eût.

Les enfans entreroient dans ladite Maison d'Ordre, après avoir eu les premiers soins

urgens de la tendresse maternelle, ou auparavant, en cas de mort de la mère.

Les Éleves, et ceux dépendans de cet
établissement, ne pourroient exercer que les
postes subalternes entr'eux; ils ne pourroient
s'allier qu'avec des Sang-mêlés On leur feroit
apprendre des métiers analogues à leur sexe,
qui seroient utiles aux travaux du Roi, à
ceux des Colonies, et à ceux de la Maison
d'Ordre.

Chaque mouvement de cet établissement
seroit connu des Généraux et Intendans
de qui sortiroit l'ordre des opérations nécessaires, et qui séviroient rigoureusement
contre ceux des Chefs qui n'apporteroient
pas dans leurs fonctions cet esprit d'utilité générale qui seroit celui dudit établissement.

La Religion est d'une absolue nécessité
dans les Colonies, afin d'adoucir les esprits
sauvages qui viennent successivement des
côtes d'Afrique, et pour faire régner l'humanité, la tranquillité, la fécondité et le
bon ordre au milieu de tous ces caractères
discordans.

Les Curés, ainsi que les chefs de cet établissement, mettroient une scrupuleuse attention pour tout ce qui auroit quelque

rapport à leur ministère, afin que les amendes fussent infligées équitablement, et que tout fût dans une juste harmonie.

Cet établissement, fruit de la sensibilité, de l'humanité, du bon ordre, existeroit, 1°. par les amendes rigoureuses sur les contrevenans, 2°. par le tiers des ratifications exigées, même quand la mère ne succéderoit pas à l'enfant; 3° par la pension alimentaire accordée aux bâtards; 4°. enfin, par un droit payé par tous les habitans sur chaque tête de leurs esclaves; droit qui paroît raisonnable, puisque ces enfans seroient destinés à servir de rempart aux Colonies, à chasser les fugitifs, aux réparations des chemins, aux corvées, etc.

Dans ce petit précis de moyens, les cœurs sensibles doivent voir la possibilité, l'utilité et la nécessité d'un tel établissement, qui ne peut produire qu'un grand bien en mettant un frein au dérèglement, en donnant quelque consistance à des êtres malheureux qui pourront, par la suite, devenir d'un grand secours à la Nation pour ses Possessions Américaines.

L'Edit de 1685, Art. IX, dit d'affranchir son esclave, et même de l'épouser

MOTION

Faite par M. VINCENT OGÉ, jeune à l'Assemblée des COLONS, Habitans de S.-Domingue, à l'Hôtel de Maffiac, Place des Victoires.

MESSIEURS,

PROPRIÉTAIRE de Biens à S.-Domingue, dépendance du Cap, & natif de l'Isle même, je viens supplier l'Assemblée de m'admettre à ses Délibérations ; je n'ai d'autre but que de concourir, avec elle, à la conservation de nos Propriétés, & de parer au désastre qui nous menace.

Ce seroit un grand bonheur pour les Isles, & pour la France elle-même, que cette Assemblée eût commencé plus-tôt. La distinction de la plupart des Membres qui la composent, la réunion de leurs

A

lumières & de leur crédit, & sur-tout
l'importance & la justice de leurs réclamations, auroient éclairé le Gouvernement,
ou du moins balancé les efforts du Pouvoir arbitraire; cette Assemblée auroit été
consultée pour le choix des Généraux &
des Intendans, pour la rédaction des Ordonnances rendues en divers temps, sur-
tout en fait de Commerce; dès-lors les
Procès auroient été plus rares, les injustices moins nombreuses; les vexations auroient été évitées ou punies; & la Colonie
seroit parvenue ou plus haut degré de gloire
auquel elle puisse prétendre.

Pour amener cette heureuse révolution,
il ne suffisoit pas du flambeau de la Raison, il falloit que celui de la Liberté vînt
mêler sa vivacité à la douceur de l'autre;
& que leur réunion produisît une lumière
uniforme, ardente & pure, qui, en éclai-
rant les esprits, pût enflammer tous les
cœurs.

Je prendrai la liberté, MM., de sou-
mettre à vos regards plusieurs objets de
discussion qui m'ont paru de quelque im-

portance; je me bornerai aujourd'hui à vous
les faire entrevoir,

1º Ne devons-nous pas propofer, dans
le moment préfent, un Réglement de police pour les Négres qui font en France?

2º Ne faut-il pas prendre fous fa protection les Créances dues par le Roi aux
divers Fournisseurs, foit par compte arrêté,
ou non-arrêté? & n'eft-il pas néceffaire de
prier l'Affemblée-Nationale de déclarer,
fi les Créanciers Américains, même par
compte non-arrêté, ont été compris, lorfque la Nation a mis les Créanciers de
l'Etat fous la fauve-garde de la loyauté
Françoife?

3º Ne pouvons-nous pas demander que,
fi-non les Généraux, au moins les Intendans ne foient choifis que parmi les per-
fonnes à qui l'Affemblée Américaine aura
donné fon fuffrage, & dont la lifte fera
mife, à chaque nomination, fous les yeux
du Roi, par le Miniftre de la Marine?

4º L'Affemblée Américaine ne doit-elle
pas décider, qu'elle ne compofera cette
lifte, que des noms de Propriétaires réfidens
fur les lieux?

5° Quand un choix aura été fait, si l'on vient à s'en repentir, & qu'on ait à articuler des plaintes fondées contre un Général, ou un Intendant, ne peut-on pas demander, exiger même son renvoi?

6° N'est-il pas, j'ose le dire, aussi vexatoire que ridicule, qu'un Ministre qui souvent ne connoît les Isles que de nom, aussi ignorant en Commerce qu'en Géographie, du fond d'un Cabinet, où l'ont porté la cabale & l'intrigue, à travers l'Empire des Mers, envoye d'un trait de plume, des Loix à un autre Hémisphère? que n'ayant nulle idée des lieux & des mœurs des Colons, ne sachant combiner ni les besoins, ni les rapports, ni les circonstances, il étende au hazad sa domination, ou plutôt son despotisme sur les objets même de première nécessité?..... On l'a souffert..... on a pu le souffrir..... Mais les tems sont arrivés, le cahos va bientôt disparoître, nous voilà tous égaux, nous aurons la liberté d'aller vendre nos Denrées où il nous plaira, & de recevoir dans nos Ports celles que nous voudrons y faire apporter, soit de France, soit de chez les Anglo-Américains.

Mais, Messieurs, ce mot de Liberté qu'on ne prononce pas sans enthousiasme, ce mot qui porte avec lui l'idée du bonheur, ne fut-ce que parce qu'il semble vouloir nous faire oublier les maux que nous souffrons, depuis tant de siécles; cette Liberté, le plus grand, le premier des biens, est-elle faite pour tous les hommes? Je le crois. Faut-il la donner à tous les hommes? Je le crois encore. Mais comment faut-il la donner? Quelles en doivent être les époques, & les conditions? Voilà pour nous, Messieurs, la plus grande, la plus importante de toutes les questions; elle intéresse l'Amérique, l'Affrique, la France, l'Europe entière, & c'est principalement cet objet qui m'a déterminé, Messieurs, à vous prier de vouloir bien m'entendre.

Si l'on ne prend les mesures les plus promptes, les plus efficaces; si la fermeté, le courage, la constance ne nous animent tous; si nous ne réunissons pas vîte en faisceau toutes nos lumières, tous nos moyens, tous nos efforts; si nous sommeillons un instant sur le bord de l'abyme, frémissons de notre réveil ! Voilà le fang qui coule, voilà nos terres envahies, les objets de notre induftrie ravagés, nos foyers incendiés, voilà nos voifins, nos amis, nos femmes, nos enfans égorgés & mutilés, voilà l'efclave qui léve l'étendard de la révolte, les Ifles ne font plus qu'un vafte & funefte embrâfement ; le Commerce eft anéanti, la France reçoit une plaie mortelle, & une multitude d'honnêtes Citoyens font apauvris, ruinés; nous perdons tout.......... Mais, Meffieurs, il eft temps encore de prévenir le défaftre ; j'ai peut-être trop préfumé de mes foibles lumières, mais j'ai des idées qui peuvent être utiles, fi l'Affemblée veut m'admettre dans fon fein, fi elle le defire, fi elle veut m'autorifer à rédiger & à lui foumettre mon Plan, je le ferai avec plaifir, même avec reconnoiffance, & peut-être pourrai-je contribuer & conjurer l'orage qui gronde fur notre tête.

Mes intérêts exigent que je féjourne encore à Paris pour un Procès que j'ai au Confeil privé du Roi ; mais que font mes intérêts, quand la Colonie eft en danger?

7

Quand il faut voler au fecours de la **Patrie**,
quel individu peut penfer à lui, s'occuper
de lui? Quant à moi, Meffieurs, fi mon
projet eft adopté, je vous propofe de partir,
d'aller le faire exécuter moi-même, de
veiller, fous vos ordres, à la fûreté commune;
fi je hazarde mes intérêts, ma vie même
c'eft un facrifice que je dois à la Chofe
publique, je le fais de grand cœur; & la
feule récompenfe que j'en attends & que
j'en defire, c'eft que fi mes efforts ne font
point couronnés du fuccès, vous demeurerez
au moins convaincus de mon dévouement
& de mon zéle.

Signé, OGÉ, jeune

LETTRE

DES COMMISSAIRES

DES

CITOYENS DE COULEUR EN FRANCE,

A LEURS FRÈRES ET COMMETTANS

DANS LES ISLES FRANÇOISES.

FRÈRES ET AMIS,

LA justice et l'humanité triomphent enfin, et l'assemblée nationale, par son décret solemnel du 15 mai 1791, vient de vous rendre les droits que la tyrannie d'un préjugé vous avoit ravis.

Mais en rentrant dans vos droits, frères et amis, vous allez contracter de grandes obligations envers la nation qui vous les rend; vous avez à remplir des devoirs d'une grande étendue. Je sais qu'ils ne sont pas au-dessus de vos forces; je sais qu'ils furent toujours profondément gravés dans vos cœurs, et qu'il suffit de

A

vous les indiquer pour que vous les remplissiez avec ce zèle qui vous caractérise.

Le premier de ces devoirs, frères et amis, c'est de contribuer de tous vos moyens au rétablissement de l'ordre et de la paix dans les colonies : éteignez, si vous voulez y réussir, éteignez tous les ressentimens que de longs malheurs et de grandes injustices ont pu vous donner. Souffrez patiemment les injustices que l'ancienne tyrannie pourroit commettre à votre égard; ne vous en vengez jamais par vos propres mains, et bornez-vous à en poursuivre la réparation, soit près du corps législatif, soit près des pouvoirs, auxquels le soin de punir les injustices sera confié.

Cette abnégation de vengeance personnelle, ce recours à la loi, sont les premières bases de toute société : il faut ou que la loi seule tienne le glaive, ou qu'il y ait anarchie.

Souffrir des injustices, et laisser à la loi seule le soin de les venger, est l'acte le plus courageux et le plus patriotique, en même-temps qu'il est le plus avantageux pour le citoyen; car si chaque homme avoit le droit de se venger lui-même quand il croiroit ses intérêts blessés, où ne l'entraîneroient pas les passions, qui rendent toujours injuste?

Eh! ne craignez plus comme autrefois, que la loi soit sourde et insensible à vos justes plaintes. Le despotisme avoit des préventions, de la partialité; le régime de la liberté n'en connoît point. Les législateurs, les juges, les administrateurs sont peuple comme vous, nommés par le peuple, intéressés comme lui à ce que justice soit faite à tous.

Croyez encore que les amis de la justice et de l'humanité, qui ont su si bien défendre vos droits, sauront également présenter et défendre vos pétitions. Ils n'abandonneront ni les principes, ni votre cause, à laquelle ils se sont dévoués; vous les trouverez toujours au chemin de la justice.

Continuez à mériter l'éloge qu'ils ont fait de vous ; ils vous ont représentés, avec juste raison, comme le vrai boulevard des colonies, et vous avez donné plus d'une fois des preuves de votre bravoure et de votre patriotisme. Maintenant, que les droits qui vous sont rendus vont augmenter vos facultés, vous devez, par la même raison, en augmenter les effets ; et si vous avez versé quelques goûtes de sang pour conserver à la nation ses colonies, vous devez aujourd'hui le répandre jusqu'à la dernière goûte. Ce n'est qu'avec un pareil dévouement envers la nation que vous pourrez vous montrer dignes de son adoption. Ainsi, d'après ce qu'elle a droit d'attendre de vous, elle doit rester dans la sécurité la plus profonde sur les terreurs que les ennemis du bien public veulent lui donner sur l'envahissement de ses colonies, et c'est à vous à prouver à la nation que cette sécurité est bien fondée. C'est à vous encore à lui prouver, comme l'ont avancé vos défenseurs, que la restitution qui vous est faite de vos droits, que votre élévation à la qualité de citoyen, seront la source la plus féconde de la prospérité des colonies.

Les premiers moyens de prospérité pour tous les états, sont une grande population indigène, des mœurs et beaucoup d'activité. Quant à la population indigène, la force des choses l'accroît de manière à ne rien laisser à désirer, et le décret du 15 mai ne peut que concourir à l'augmenter, par l'impulsion qu'il va donner en détruisant un préjugé qui pouvoit la retarder. Il concourra également au rétablissement des mœurs ; car son effet devant entraîner l'extinction du préjugé, il en résultera que les mariages entre toutes les classes de citoyens libres deviendront plus communs, et détruiront le concubinage que le préjugé y faisoit régner.

Mais il est encore un moyen entre vos mains pour améliorer les mœurs ; c'est l'instruction et l'exemple à donner. Que les pères et mères ne cessent jamais de répéter à leurs enfans, que

A 2

ce n'est plus par la vie, mais bien par les vertus, qu'ils peuvent espérer de former des liens heureux et durables; que ces vertus et ces lumières peuvent seules, à l'avenir, faire distinguer l'homme et l'élever aux diverses places de la société.

Pour parvenir à ce double but, il sera nécessaire d'établir, dans chaque paroisse, une ou plusieurs écoles pour les deux sexes; établissemens qu'il faut avoir soin d'éloigner des villes et bourgs; afin de ne pas souiller les premiers regards de la jeunesse par la vue du vice qui y règne maintenant.

La France vous fournira ce secours d'instructions, et vous pourrez avoir, pour des sommes bien moindres que celles que vous dépenseriez ici pour l'instruction de vos enfans, des Européens instruits et ayant des mœurs, qui iront, autant par zèle que par intérêt, former, sous vos yeux, l'esprit et le cœur de vos enfans.

L'activité des individus, dans tout état de sociabilité, jointe à une nombreuse population qui a des mœurs, est le complément de la plus grande prospérité. Eh bien, frères et amis, le décret du 15 mai va contribuer encore à doubler votre activité dans la culture de vos riches productions. Vos propriétés, toujours sous la protection immédiate de la loi, seront à vous et pour vous; vous n'y serez plus troublés; vous devez donc vous attacher à les cultiver avec d'autant plus de soin, que vous en tirerez un double bénéfice; mais toujours en subordonnant votre intérêt à l'humanité.

Eh! sur-tout ne perdez jamais ce sentiment de la nature, qui doit unir tous les hommes comme des frères; souvenez-vous que si vous l'avez réclamé avec force en votre faveur, vos esclaves le réclament aussi pour eux: soyez donc humains à leur égard, ils ne se refuseront jamais de donner à leurs maîtres un travail modéré et suivi, qui n'épuisera pas leurs forces, sur-tout si vous les encouragez par de petits intéréts sur vos plantations, comme cela se pratique par plusieurs habitans (1). Encouragez leur population, en accordant aux mères de plusieurs enfans plus de temps à employer à leur profit ; aidez-les à élever leurs enfans, qu'ils ne soient pas un fardeau pour elles ; accordez-leur même une liberté entière, lorsqu'elles vous auront donné, par ce genre de produit, infiniment plus qu'un travail qui les eût exténuées (2). Vous devez plutôt vous attacher à améliorer vos possessions en les soignant, en rendant au sol, par des engrais, les sels qu'il perd, qu'à faire de ces fortunes rapides qui ne laissent à ceux qui vous succèdent, sur le sol qui les a produites, que les traces désastreuses d'une avidité dévorante.

Sachez dédaigner ces richesses, que la vanité arrache, par l'oppression, à la servitude ; contens de votre sort médiocre, attendez de votre industrie progressive, et non des larmes et du sang de vos esclaves, une honnête aisance, qui, par là, ne fera que s'accroître d'une manière consolante pour vous et pour vos enfans. Les douceurs que vous y trouverez sont bien préférables à celles d'un luxe aussi révoltant pour ceux qui en sont les témoins, que désastreux pour ceux qui en ont fourni les moyens.

Par là, vous remplirez mieux les vues de la nation françoise et de ses représentans, qui fondent bien plus la prospérité

(1) Dans plusieurs habitations de petite culture, on laisse les esclaves élever de la volaille, des cochons, des chevaux même, pour leur bénéfice ; d'autres cultivent, à leurs heures de repos, des légumes : tous ces petits profits leur appartiennent. Les nègres qui en jouissent sont fort attachés à leurs maîtres.

(2) Ces idées se retrouvent dans un édit du roi, donné en 1784, en faveur des esclaves. On y défendoit aux maîtres de faire travailler avant et après le jour ; il faut espérer que l'intérêt bien entendu, fera faire ce que l'humanité commande.

des colonies et de leur relation avec la France sur l'économie et les mœurs, que sur un faste qui dévore les consommateurs et diminue les consommations utiles.

Le commerce, en France, va s'asseoir sur ses véritables bases; c'est à vous, en le secondant à prouver votre reconnoissance à vos frères les François : elle vous fait, ainsi que votre intérêt, la loi de lui rester inviolablement attachés. Le commerce est le point de contact par lequel vous recevrez toujours les impulsions avantageuses d'un peuple franc et loyal qui se régénère, et dont les lumières vous seront constamment utiles; car c'est par le commerce que vous partagerez tous les bienfaits de la régénération des François.

On vous aura dit sans doute que quelques commerçans ont été contraires à vos vœux; oubliez cette injustice, et souvenez-vous que le commerce ne l'a point partagés. Voyez avec quelle ardeur patriotique les Bordelois, abjurant les anciens préjugés, ont secondé la révolution qui s'est faite dans les idées; avec quel zèle ils cherchent à maintenir vos droits. Que leur sainte humanité couvre d'un voile ceux de leurs frères qui vouloient vous condamner à l'ignominie, et ne voyez dans tous que des frères, que des membres de la grande famille des François, qui vous adopte.

En un mot, amis et compatriotes, oubliez tous ressentimens; sacrifiez tout à la paix et à l'ordre; ménagez les foiblesses de ceux qui vous ont été contraires; instruisez-vous, acquérez des vertus; rendez-vous dignes d'être élevés à toutes les places auxquelles vous pouvez prétendre; n'attendez que d'elles votre choix. Dédaignez et rejetez toute espèce de cabale et d'esprit de couleur ou de classe; ne balancez jamais à donner la préférence à vos frères les ci-devant blancs, toutes les fois qu'ils la mériteront.

Que votre élévation au-dessus de la classe intermédiaire qui vient d'être créée, ne vous donne aucun sentiment d'orgueil. Cherchez, au contraire, à adoucir en elle le sentiment amer de cette infériorité, par tous les égards que mérite l'infortune. Dites aux affranchis que si nos défenseurs n'ont pas été autant heureux pour eux que pour nous, ils ont combattu avec le même zèle pour tous; dites-leur que le temps de leur régénération politique n'est pas bien éloigné, qu'il dépend d'eux de l'accélérer par de bonnes mœurs, de l'instruction, et par les progrès de leur industrie et leur attachement à la France.

Donnez-leur-en constamment l'exemple; soyez toujours prêts à sacrifier vos fortunes et vos vues pour la conservation des possessions nationales; soyez fidèles observateurs de la loi; sans cesse ayez présent ce serment civique : respect pour la loi, attachement à la constitution et amour pour son chef.

Soyez justes et humains avec vos esclaves, en les contenant; attachez-vous sur-tout à donner des mœurs à vos enfans, et à les faire instruire; améliorez vos cultures, étendez-les; soyez actifs pour tout ce qui peut contribuer à l'avantage de la nation; puisez sans cesse chez elle vos rapports commerciaux, et les sentimens qui vont porter cette nation au plus haut point de bonheur, de gloire et de prospérité.

Signés, RAYMOND l'aîné, FLEURY, HONORÉ SAINT-ALBERT, DUSOULCHAY DE SAINT-RÉAL.

Paris, ce 10 juin 1791.

DÉCRET du 5 mai, relatif aux Citoyens de Couleur.

« L'Assemblée Nationale décrète que le corps législatif ne délibérera jamais sur l'état politique des gens de couleur, qui ne seroient pas nés de père et mère libres, sans le vœu préalable, libre et spontané des Colonies; que les assemblées coloniales, actuellement existantes, subsisteront; mais que les gens de couleur, nés de père et mère libres, seront admis dans toutes les assemblées coloniales et paroissiales futures, s'ils ont d'ailleurs les qualités requises ».

CONCORDAT,

OU

Traité de paix entre les Citoyens Blancs et les Citoyens de Couleur des quatorze paroisses de la Province de l'Ouest de la partie françoise de Saint-Domingue.

L'AN mil sept cent quatre-vingt-onze, et le mercredi dix-neuvième jour du mois d'octobre, à neuf heures du matin, les commissaires de paix des citoyens blancs et des citoyens de couleur des différentes paroisses de la province de l'ouest se sont réunis sur l'habitation Goureau, dépendante de la paroisse du Port au-Prince, pour faire, entre les citoyens blancs et les citoyens de couleur de ladite province de l'ouest, un traité solide et inébranlable.

Les commissaires présens ont pris séance, et ceux des citoyens blancs ont nommé par acclamation, pour leur président, à l'effet d'ouvrir l'assemblée et de proclamer le résultat des scrutins, M. Lerembourg père, et pour scrutateurs, MM. Tiby et Dufour. Ils ont procédé ensuite à la nomination d'un président et d'un secrétaire ; vérification faite des scrutins, il en est résulté que M Caradeux aîné étoit nommé président, à la pluralité de quinze voix, et M. Dufour, à la pluralité de treize voix, et ce, pour toute la durée de l'assemblée.

Les commissaires des citoyens de couleur ont nommé par acclamation, pour leur président, M. Pinchinat ; pour leur secrétaire, M. Dubourg, non-seulement pour l'ouverture de l'assemblée, mais pour toute sa durée.

Lesquels président, secrétaire et scrutateurs ci-dessus nommés, ont accepté lesdites charges, et ont, en présence de l'assemblée, prêté le serment de se bien et fidèlement comporter en icelles.

Ensuite il a été procédé à la vérification des pouvoirs des commissaires, ainsi qu'il suit :

Il a été fait remise sur le bureau, par les commissaires des citoyens blancs et de couleur desdites paroisses, de 18 arrêtés, d'où il est résulté, après lecture et vérification faites d'iceux,

A

qu'il a été nommé commissaires des citoyens blancs, avec pouvoirs illimités ; savoir :

MM. d'Arnau et Dufaut, pour la paroisse du Grand-Goave, par un arrêté de ladite paroisse, du 16 du présent mois.

MM. Caradeux aîné, Vincendon-Dutour, Catherinot, Camfrancq, Lerembourg père, Boyer, Dufour et Guieu, pour la paroisse du Port-au-Prince, par ladite assemblée en quatre sections, le 17 octobre présent mois, ainsi qu'il résulte du procès-verbal dudit jour.

MM. Grasset aîné et Drouin, pour la paroisse de Saint-Marc, par arrêté de ladite paroisse, du 16 octobre présent mois.

MM. Tiby aîné et de Lagroix, pour la paroisse de Léogane, par l'arrêté de ladite paroisse, du 16 octobre présent mois.

MM. Leydeir et Baudoulx, pour la paroisse de Mirbalais, par l'arrêté de ladite paroisse, du 16 octobre présent mois.

MM. Raboteau et Pongaudin, pour la paroisse des Gonaïves, par l'arrêté de ladite paroisse, du 16 octobre présent mois.

MM. Piver et Avril, pour la paroisse de la Petite-Rivière, par l'arrêté de ladite paroisse, du 16 octobre présent mois.

MM. Lathoison, Desvareux et Hamon de Vaujoyeux, pour la paroisse de la Croix-des-Bouquets, par l'arrêté de ladite paroisse, du 17 octobre présent mois.

Et qu'il a été nommé commissaires, avec pouvoirs limités ; savoir :

MM. Dupalis aîné et Feneyrol, pour la paroisse du Petit-Goave, par l'arrêté de ladite paroisse, du 16 octobre présent mois.

MM. Tavet Ragon, pour la paroisse de Jacmel, par l'arrêté de ladite paroisse, du 17 octobre présent mois.

MM. Allenet et d'Oleyres, pour la paroisse de l'Arcahaye, par l'arrêté de ladite paroisse, du 16 octobre présent mois.

Et de la part des citoyens de couleur, avec pouvoirs illimités,

MM. Pinchinat, Bornot aîné, Etienne Saljusan, Alexandre Petit-Bois et Jean-Baptiste Nivard, pour la paroisse de Mirbalais.

MM. Lapointe, Chanlatte fils, Parbancour, Hugville, Juste Drouillard, Sterlein Créplanie et Leblanc, pour la paroisse de l'Arcahaye.

MM. Deslandes et Lazare Perodin, pour la paroisse de la Petite-Rivière de l'Artibonite.

MM. Jean-baptiste Paul, Jean Jolly fils, Cyprien Jolly et Charles Lepinard, pour la paroisse des Vérettes.

MM. Jean Savary, Jean-Baptiste Dubourg, Aug. Ducla,

Jean Baptiste Pinson fils et François Périsse, pour la paroisse de Saint-Marc.

MM. Beauvais, Rigaud, Lambert, Doyon aîné, Pellerin, Marc Borvo, Charles Ollivier, Poisson aîné, Dégand, Perjon, Lillavois, Barthelemi Médor, pour les paroisses du Port-au-Prince et de la Croix-des-Bouquets, qui composoient le corps primitif de l'armée campée actuellement au bourg de la Croix-des-Bouquets.

Tous lesdits arrêtés faits audit camp de la Croix des Bouquets, par les citoyens de chacune desdits paroisses, le 18 octobre présent mois.

Et MM. Laquinte de Clavin, Louis de Clavin, Pierre Coquillo, pour la paroisse des Gonaïves, par l'arrêté des citoyens de couleur de ladite paroisse, du 16 octobre présent mois.

De la susdite vérification des pouvoirs, il résulte qu'il y a onze paroisses dont les citoyens blancs sont représentés, et qui fousnissent le nombre de vingt-huit commissaires ; et qu'il y en a huit dont les citoyens de couleur sont représentés, et qui fournissent le nombre de vingt-huit commissaires, ce qui donne, de l'une et de l'autre part, la majorité absolue, tant des paroisses de la province, que des commissaires qu'elles doivent fournir collectivement.

Tous lesquels commissaires ont été présens, à l'exception de M. Boyer, commissaire de la paroisse du Port-au-Prince, et de M. Ragon, commissaire de la paroisse de Jacmel.

Un des commissaires ayant observé que trois paroisses avoient donné des pouvoirs limités à leurs commissaires blancs, mais que la majorité desdits commissaires n'en étoit pas moins acquise, puisqu'en ne comptant pas ceux qui n'ont que des pouvoirs limités, il en resteroit toujours vingt-deux, ce qui fait la grande majorité du nombre de trente-quatre que toutes les paroisses devoient fournir.

La matière mise en délibération et mûrement discutée, il a été arrêté à l'unanimité que lesdits commissaires délibéreroient conjointement avec ceux qui en ont d'illimités, sauf à faire approuver, par un nouvel arrêté de leur paroisse, les articles du traité qui excéderoient leurs pouvoirs.

Apres quoi il a été dit par les commissaires des citoyens de couleur, que le 11 septembre dernier, ils avoient fait un concordat avec les citoyens blancs du Port-au-Prince.

Qu'au moment où ils croyoient toucher au terme de leur malheur, les ennemis du bien public, jaloux de la prospérité

A 2

de cette colonie, n'avoient cessé de seco..er le flambeau de
la discorde et de la guerre civile.

Que depuis le 11 septembre dernier, fidèles à leurs principes,
pleins de zele pour la conservation des propriétés, ayant tout à
craindre d'une insurrection générale, frappés du spectacle affreux
de quelques habitans de la plaine, qui avoient failli à être assas-
sinés au milieu de leur camp et sous leurs yeux, les citoyens
de couleur s'étoient adressé à la ville du Port-au-Prince, pour
en obtenir des canons, des fusils et des munitions de guerre,
afin d'opposer aux ennemis communs des forces capables de leur
en imposer ; que, sans avoir égard à la justice et à la légitimité
de leur demande, on leur avoit refusé avec obstination toute
espèce de secours.

Que l'assemblée provinciale du Port-au-Prince, persistant dans
les principes inconstitutionnels, avoit envoyé au Cap des commis-
saites qui, après avoir mal instruit M. le général sur le compte
des citoyens de couleur, en avoient obtenu une proclamation
contraire à presque tous les articles du concordat du 11 septembre
dernier ; une proclamation qui, contre le vœu même des propriétaires de la province de l'ouest, ordonne la dissolution d'une armée qui, jusqu'aujourd'hui, ne s'est occupée que des moyens
d'empêcher les insurrections de toute espèce, dont l'activité est
reconnue nécessaire, et doit être maintenue conformément à l'article IV du concordat du 11 septembre dernier : d'une armée
enfin dont la dispersion subite, de quelque manière qu'elle fût
opérée, entraîneroit infailliblement la ruine des provinces de
l'ouest et du sud.

Que la prétendue municipalité du Port-au-Prince avoit, de
son autorité privée, et sans consulter le vœu des citoyens de
couleur, arrêté qu'il seroit fait un serment fédératif, auquel
seroient appelés seulement les citoyens de couleur de la paroisse
du Port-au-Prince ; qu'ayant regardé cet arrêté comme un piège
tendu par la susdite municipalité, pour faire connoître aux citoyens de couleur son existence illégale, ces derniers avoient
répondu à l'invitation qui leur avoit été faite par MM. Leremboure père, Taxis de Blaireau et Malaher par une lettre où
les raisons de leur refus se trouvoient détaillées ; qu'ils avoient
fait en outre, à cette occasion, des adresses à MM. Desaulnois, de Blic, de Grimouard, et à MM. les capitaines des
vaisseaux du commerce.

Que ce fut alors qu'arriva la proclamation de M. le général ;
que partagés entre le désir d'obéir à cette proclamation, et la
crainte de voir s'effectuer les dangers qui menaçoient les restes

chancelans de cette colonie, les citoyens de couleur avoient requis une assemblée des habitans de la plaine du Cul-de-Sac, qui, cherchant à concilier leurs propres intérêts avec l'obéissance qui est due au représentant du roi, s'étoient adressés à M. Desaulnois et aux citoyens du Port-au-Prince, pour travailler de concert à obtenir de M. le général, la suspension de l'effet de sa proclamation ; qu'en conséquence, les habitans du Cul-de-Sac avoient envoyé au Port-au-Prince des députés qui faillirent être les victimes de leur zèle et de leur patriotisme ; qu'à la réception des différentes lettres adressées aux citoyens du Port-au-Prince, ils s'étoient aussi-tôt assemblés et avoient déclaré nul un concordat solemnel et marqué du sceau d'une cérémonie religieuse.

Que depuis le concordat du 11 septembre dernier, les citoyens du Port-au-Prince, qui vouloient leur imposer la loi de s'adresser aux corps populaires pour en obtenir leurs demandes ; que fermes dans leurs principes, et ne voulant en aucune façon dépendre du caprice des hommes, ils avoient mieux aimé se priver de leurs besoins physiques, que de s'adresser, pour les obtenir, à des corps inconstitutionnels, contre l'illégalité desquels ils avoient déjà protesté.

Que tous ces refus, différens avis, des lettres incendiaires, des libelles, l'arrivée des vaisseaux anglois, et les bruits d'indépendance qui couroient, avoient depuis long-temps répandu l'alarme et le désespoir parmi les citoyens de couleur, au point qu'il a fallu toute la prudence et la fermeté des chefs pour contenir l'impétuosité de leur armée ; que dernièrement encore, après les propositions de paix faites par la lettre de M. Caradeux, commandant général de la garde nationale de Port-au-Prince, en date du 12 du courant, et dans un temps où tout devoit concourir à faire cesser les malheurs qui affligent cette colonie, les mal-intentionnés du Port-au-Prince s'étoient portés à des excès incroyables d'effervescence contre un détachement de l'armée des citoyens de couleur, qui, se reposant sur la foi des promesses et des traités, avoit été chercher des vivres au Port-au-Prince ; ensorte que, malgré les bonnes intentions et les efforts des vertueux citoyens, ce détachement, après avoir échappé à la fureur de ceux qui le poursuivoient, a été obligé de revenir au camp sans apporter les vivres qui avoient été promis.

Que néanmoins le désir ardent d'une réunion sincère, leur attachement aux intérêts de la mère-patrie et à leurs concitoyens, l'aspect de leur patrie prête à être réduite en cendres, leur font

accueillir, avec des transports d'allégresse, les propositions de
paix qui leur ont été faites par M. Caradeux, commandant
général de la garde nationale du Port-au-Prince; que pour parvenir à une réunion générale dans la province de l'ouest, ils ont
invité toutes les paroisses de sa dépendance à concourir au traité
de paix qui doit avoir lieu aujourd'hui.

En conséquence, les commissaires des citoyens de couleur,
considérant que la confiance et la justice sont les bases essen-
tielles d'une paix solide et inébranlable, voulant coopérer les
dispositions du concordat du 11 septembre dernier, et pourvoir
en même-temps à leur sûreté individuelle, ont fait les demandes
suivantes, auxquelles les commissaires des citoyens blancs ont
répondu, ainsi qu'il est imprimé en *italique*.

Demandes des commissaires des citoyens de couleur.

ARTICLE I. Le concordat du 11 septembre dernier, entre les
citoyens blancs de la garde nationale du Port-au-Prince, et la
garde nationale des citoyens de couleur, campés au bourg de la
Croix-des-Bouquets, sera reconnu légal et conforme à la constitution; en conséquence, les articles qui y sont insérés, seront
exécutés suivant leur forme et teneur, avec les changemens,
amendemens et augmentations qui pourroient être faits par le
présent traité de paix. *Accepté.*

2. L'arrêté de la paroisse du Port-au-Prince, en date du 11 du
présent, mois portant cassation dudit concordat du 11 septembre
dernier, sera déclaré nul et de nul effet. *Accepté*

3. Il sera reconnu que la proclamation de M. le général, en
date du 26 septembre dernier, a été surprise à sa religion;
qu'il a été mal instruit des raisons, événemens et circonstances
qui y ont donné lieu; qu'elle est absolument contraire aux articles 1, 3, 4, 5, 6, 10 et 11 du concordat du 11 septembre
dernier; en conséquence, l'exécution de cette proclamation sera
suspendue; et les citoyens blancs de la province de l'ouest s'obli-
geront d'employer tous les moyens qui sont en leur pouvoir
pour en obtenir la révocation. *Accepté*

4. L'article 1 du concordat du 11 septembre dernier, sera
exécuté selon sa forme et teneur, et les citoyens blancs et de
couleur s'entendront pour réclamer auprès du représentant du roi
l'exécution littérale de tous les points et articles des décrets et
instructions de l'assemblée nationale, sanctionnés par le roi.
Accepté.

5. Pour parvenir à l'exécution de l'article V du concordat du

11 septembre dernier, l'illégalité des municipalités, assemblées provinciales et coloniales, étant déja bien reconnues, tous les actes déjà émanés, ou qui émaneront de ces corps inconstitutionnels, seront déclarés nuls, et leur dissolution sera opérée comme il sera dit dans les trois articles suivans. *Accepté comme il sera dit dans les trois articles ci-après.*

6. Pour éviter le désordre et l'anarchie, il sera substitué à chaque municipalité de la province de l'ouest, un bureau de police, qui, provisoirement et en attendant les nouveaux plans d'organisation de l'assemblée nationale pour les colonies, exercera les fonctions attribuées aux municipalités; lequel bureau de police sera composé de membres choisis parmi les citoyens blancs et de couleur. Convenus en ces termes : « Les municipalités existantes subsisteront provisoirement, jusqu'à ce qu'elles aient été remplacées par d'autres, à la formation desquelles tous les citoyens actifs indistinctement seront appelés, en vertu d'une proclamation, que M. le général sera invité de faire à cet effet dans le délai d'un mois, et les citoyens de couleur auront néanmoins, dès-à-présent, la faculté de se faire représenter aux municipalités existantes, ainsi qu'aux autres établissemens qui en tiennent lieu, en se subordonnant à la nouvelle assemblée coloniale, où aux nouveaux plans d'organisation que nous attendons de l'assemblée nationale ; et les actes desdites municipalités ou des corps qui en tiennent lieu, valideront jusqu'à l'époque où ils seront remplacés par d'autres, à la réserve néanmoins des actes qui auroient porté atteinte aux droits des citoyens de couleur, lesquels, dès-à-présent, seront déclarés nuls et de nul effet.

7. Les assemblées provinciales et administratives, n'étant point d'une nécessité urgente et indispensable, on attendra, pour leur formation, l'arrivée officielle des nouveaux plans d'organisation susdits; bien entendu que les dispositions du présent article et du précédent, n'auront leur effet qu'autant qu'une nouvelle assemblée coloniale, légale, constitutionnelle et représentative de toutes les classes des citoyens actifs, ne pourroit, en se renfermant dans les bornes des pouvoirs qui lui sont ou seront délégués par les décrets nationaux, déterminer le mode d'organisation qui convient aux susdites municipalités et assemblées provinciales et administratives. Accepté en ces termes : « Les paroisses qui ont envoyé des députés à l'assemblée provinciale et provisoirement administrative de l'ouest, les retireront sans délai ; néanmoins tous les actes de ladite assemblée subsisteront provisoirement tels qu'ils existent actuellement dans chaque

A 4

lieu , en attendant les nouveaux plans d'organisation qui doivent
être envoyés par l'assemblée nationale , ou jusqu'à la décision
que portera à cet égard la nouvelle assemblée coloniale ; à la
réserve néanmoins des actes qui auroient porté atteinte aux
droits des citoyens de couleur , lesquels sont dès-à-présent déclarés nuls et de nul effet ».

8. Les citoyens blancs de toutes les paroisses de l'ouest rap-
pelleront leurs députés à l'assemblée coloniale , révoqueront leurs
pouvoirs , et supplieront M. le général d'opérer la dissolution de
cette assemblée. si mieux elle n'aime prononcer sa dissolution.
Accepté , avec la condition que les actes de ladite assemblée subsisteront provisoirement et seront soumis en définitif à la décision de l'assemblée nationale , à la réserve de ceux qui auroient
porté atteinte aux droits des citoyens de couleur , lesquels
sont dès à présent déclarés nuls et de nul effet.

9. M. le général sera prié par MM. les commissaires blancs et
de couleur réunis des quatorze paroisses de la province de
l'ouest, de faire dans un mois , à compter de ce jour , une proclamation, portant convocation des assemblées paroissiales, auxquelles seront appellés tous les citoyens actifs indistinctement ,
aux termes de l'article IV des instructions du 28 mars 1790 , à
l'effet de nommer des députés à la nouvelle assemblée coloniale,
lesquels seront invités à se rendre à Léogane, pour y déterminer le
lieu le plus favorable aux séances de ladite assemblée. *Accepté*.

10. Les citoyens de couleur se réuniront avec les citoyens
blancs , pour former les assemblées paroissiales, et seront ,
comme les citoyens blancs, électeurs et éligibles. *Accepté*

11. L'inexécution des articles principaux du concordat du 11
septembre dernier , ayant donné lieu à des événemens qui peuvent être regardés comme des hostilités de part et d'autre , les
dispositions de l'article VI dudit concordat, seront suivies pour
les événemens postérieurs, comme pour ceux antérieurs audit
concordat. *Accepté*.

12. Les citoyens de couleur voulant donner à l'article VII
du concordat du 11 septembre dernier , la juste et bienfaisante ex-
tension dont il est susceptible , demandent que la mémoire
des malheureuses victimes de la passion et du préjugé , soit réha-
bilitée ; qu'il soit pourvu par la colonie aux indemnités et aux
pensions dues à leurs veuves et à leurs enfans ; que tous procès
criminels antérieurs à la révolution , intentés contre les citoyens de couleur pour raison des rixes entr'eux et les citoyens
blancs, de même que tous les jugemens où le préjugé l'auroit em-
porté sur la justice qui est due à tous les citoyens de l'empire,
soient revisés.

Quoique la province de l'ouest se trouve seule représentée au présent traité, les citoyens de couleur desirant que le présent article comprenne tous les quartiers de la colonie en général ; et considérant en outre que l'exécution d'une réclamation si juste peut seule éteindre tout sujet de haines et de divisions entre les citoyens, tous les citoyens de cette province se réuniront pour le faire accepter et exécuter par-tout où besoin sera. *Accepté*

13. Les articles VIII et IX du concordat du 11 septembre dernier, seront exécutés selon leur forme et teneur *Accepté*.

14. Les qualifications, telles que *le nommé Nègre libre*, *Mulâtre libre*, *Quarteron libre*, *citoyens de couleur*, et autres de ce genre, seront à l'avenir sévèrement défendues ; et on ne se servira désormais pour tous les citoyens de la colonie, que des qualifications usitées pour les blancs. *Accepté*.

15. Les citoyens de couleur sentant plus que jamais la nécessité de l'article XI du concordat du 11 septembre dernier, ledit article sera exécuté selon sa forme et teneur. *Accepté*.

16. Pour parvenir à l'exécution de l'article X du concordat du 11 septembre dernier, d'une manière juste et uniforme, la province entière de l'ouest pourvoira aux besoins de l'armée des citoyens de couleur par-tout où elle sera campée et pendant tout le temps de son activité, ainsi qu'il est dit dans les articles VI et X du susdit concordat. *Accepté*.

17. Les préposés à l'administration, les municipalités, et autres corps prétendus administratifs, rendront compte de l'emploi des deniers qu'ils ont tiré des caisses publiques et des trésors, depuis le commencement des troubles de la colonie. *Accepté*.

18. Pour annihiller tout sujet de haines et de divisions, pour éteindre le souvenir des injustices qui ont été commises envers les citoyens de couleur, il sera fait dans les quatorze paroisses de la province de l'ouest, un service solemnel en mémoire de ceux qui, depuis le commencement des troubles, ont été sacrifiés à la passion et au préjugé. *Accepté*.

19. Aussitôt que le présent traité aura été signé, une députation de la garde nationale du Port-au-Prince, des régimens de Normandie et d'Artois, du corps royal d'artillerie, du corps royal de marine, ainsi qu'une députation de la marine marchande, seront invités à se rendre sans armes sur l'habitation Damiens, pour opérer une réconciliation parfaite avec les citoyens de couleur, qui se rendront au même lieu sans armes et en nombre égal; cette réunion, pour être plus solemnelle, se fera en présence des commissaires de paix, tant des citoyens blancs, que

des citoyens de couleur représentant la province de l'ouest, et
deux membres de la municipalité qui seront députés à cet effet,
Après cette cérémonie , chacun se retirera chez soi. Le lendemain
il sera chanté , dans l'église paroissiale du Port-au-Prince, un *Te
Deum* ; un détachement de quinze cens hommes de l'armée des
citoyens de couleur se rendra au Port-au-Prince pour y assister :
il entrera tambour battant , drapeaux déployés , et sera reçu
avec les honneurs que méritent des citoyens inviolablement fidèles
à la *Nation* , à la *Loi* , et au *Roi* , et qui n'ont pris les armes
que pour faire cesser les troubles , qui depuis long-temps déchirent leur malheureuse patrie ; il se rendra avec les autres citoyens à l'église paroissiale de la ville pour la cérémonie du *Te
Deum* , qui sera chanté en actions de graces de l'heureuse réunion
entre les citoyens indistinctement ; ce détachement partagera, dès
le jour même, le service de la garde nationale , jusqu'à ce que
le régiment de gardes nationales soldées, dont il sera fait mention
ci-après , soit formé. *Accepté.*

20. Il sera formé, avec l'agrément de M. le général, un régiment de gardes nationales soldées de deux bataillons, de cinq
cents hommes par bataillon ; ce régiment sera composé de citoyens
de couleur, qui éliront eux-mêmes leurs chefs, les présenteront
à la nomination de M. le général , et seront destinés à la défense
de la province de l'ouest ; alors ceux des citoyens de couleur men-
tionnés dans l'article précédent, qui n'entreront point dans ledit
corps, cesseront d'être à la charge de la province de l'ouest.
Accepté.

21. Le serment fédératif décrété par l'assemblée nationale, qui
n'a pu avoir lieu sans la participation de tous les citoyens , sera
fait incessamment ; et les quatorze paroisses de la province de l'ouest
seront priées d'y participer ainsi que les autres paroisses de cette
colonie, si les circonstances permettent de les y appeler. *Accepté.*

22. M. le général sera invité à revenir au Port-au-Prince , qui
est le siège du gouvernement, ou à s'y faire représenter par qui de
droit. *Accepté.*

23. M. le général sera en outre prié de donner son approbation
à tous les articles du concordat du 11 septembre dernier , ainsi
qu'à tous ceux du présent traité de paix, et d'en maintenir l'exécution ; M. le commandant pour le roi, l'état-major des bataillons de Normandie et d'Artois, celui de la Marine royale, et
MM. les capitaines des vaisseaux du commerce, seront également
priés de donner leur adhésion aux susdits concordat et traité de
paix. *Accepté.*

24. Le présent traité de paix ayant pour but d'établir d'une

manière uniforme la reconnoissance et l'exercice des droits de citoyens de couleur dans toute la province de l'ouest, le concordat du 11 septembre dernier aura sa pleine et entière exécution pour toutes les dispositions d'icelui, auxquelles il n'est pas dérogé par les articles du present traité, qui dans tous les cas servira de règle et de commentaire pour l'exécution dudit concordat ; bien entendu que toutes les paroisses de la province de l'ouest se conformeront aux dispositions du présent article, et de tous ceux insérés dans les susdits concordat et traité de paix. *Accepté.*

25. Pour ne laisser aucun doute sur la pureté des sentimens qui animent les citoyens de couleur, ils jurent avec les citoyens blancs, de toutes leurs forces, la nouvelle constitution, et de verser la dernière goutte de leur sang pour s'opposer au retour de l'ancien régime. *Nous faisons le même serment.*

26. Les citoyens de couleur ne voulant s'écarter en aucune manière de la marche prescrite par l'assemblée nationale pour l'exécution de ses décrets, demandent que le concordat du 11 septembre dernier et le présent traité de paix, soient soumis à son approbation, déclarant s'en rapporter absolument à sa décision sur les articles insérés dans ces deux actes. *Accepté.*

Lecture faite des déclarations et demandes des citoyens de couleur, les commissaires des citoyens blancs se sont retirés pour délibérer à part sur icelle, à laquelle délibération ils ont employé le reste de la séance jusqu'à dix heures du soir.

Alors tous les commissaires se sont retirés, et la séance a été remise au lendemain, jeudi 20 du présent mois, 7 heures du matin, pour être tenue sur l'habitation Damiens.

Les commissaires se sont réunis lesdits jour et heure indiqués sur ladite habitation Damiens, et les commissaires des citoyens blancs ont continué à délibérer à part, jusqu'à trois heures après-midi, pour rédiger leurs observations.

Alors s'étant rassemblés dans un même lieu avec les commissaires des citoyens de couleur, ils ont remis leurs observations sur le bureau.

Lecture ayant été faite desdites observations, la discussion a été ouverte et continuée jusqu'à onze heures du soir, et la séance a été remise au lendemain vendredi sept heures du matin, pour avoir lieu sur la même habitation.

Auxdits jour et heure indiqués, lesdits commissaires se sont réunis sur ladite habitation.

A l'ouverture de la séance s'est présenté M. Picard, comme commissaire de la paroisse du Port au-Prince, suppléant M. Boyer, en vertu du dépouillement des scrutins de l'assemblée de ladite paroisse.

La discussion de la ville a été continuée jusqu'à six heures du soir, et les observations et répon es des commissaires des citoyens blancs ont été rédigées et acceptées par les commissaires des citoyens de couleur, et écrites en marge des demandes de ces derniers.

Lecture ayant été faite de nouveau, tant des déclarations et demandes des citoyens de couleur, que des observations des commissaires des citoyens blancs mises en marge d'icelles, et le tout ayant été mûrement examiné et discuté comme il a été dit ci-dessus, il a été reconnu que les dires de MM. les commissaires des citoyens de couleur contiennent vérité ; que leurs demandes sont justes, que leurs précautions n'ont pour but que la sûreté publique et individuelle, et ne tendent qu'à ôter aux ennemis du bien public tous les moyens de troubler la paix et la tranquillité dont cette colonie est privée depuis long-temps, et dont elle a grand besoin de jouir désormais.

En conséquence, il a été arrêté de la part de MM. les commissaires des citoyens blancs, que tous les articles ci-dessus et des autres parts, sont et demeurent arrêtés, ainsi et de la manière qu'ils ont été acceptés en marge de chacun desdits articles, et qu'ils seront paraphés des président et secrétaires au bas de l'acceptation.

Et de la part de MM. les commissaires des citoyens de couleur, il a été déclaré qu'ils agréent l'acceptation et les réponses mises en marge de chacun des articles insérés au présent traité de paix, et consentent, par amour pour la paix et la tranquillité, à ce que lesdits articles, tels qu'ils ont été acceptés, soient exécutés selon leur forme et teneur, jusqu'à ce qu'il en ait été autrement décidé par les décrets de l'assemblée nationale, sanctionnés par le roi, et sans que pour raison de ce consentement, on puisse leur reprocher de s'être écartés de l'esprit des décrets nationaux ; que vu la confiance dont MM. les citoyens blancs viennent de leur donner des preuves authentiques, ils ne s'occuperont désormais que des moyens de leur prouver leur inviolable attachement à leurs intérêts et à leur bonheur ; que pleins d'admiration pour ce noble retour aux principes qui seuls peuvent opérer la prospérité de tous les colons, et dans l'impossibilité de trouver des expressions qui puissent rendre les sentimens qu'ils éprouvent dans ce fortuné moment, ils jurent de faire cause commune avec les citoyens blancs, de verser la dernière goutte de leur sang pour la défense de leurs personnes et de leurs propriétés, et de travailler de concert à l'exécution ponctuelle et littérale de tous les décrets et instructions de l'assemblée nationale, sanctionnés par le roi.

Il est convenu en outre, qu'il sera fait quatre minutes du présent traité de paix ; savoir , une pour être envoyée à l'assemblée nationale , une pour les citoyens blancs des quatorze paroisses, laquelle sera déposée au greffe de la municipalité du Port-au-Prince ; une pour l'armée des citoyens de couleur , et une pour M. le général , lesquelles seront toutes signées par chacun des susdits commissaires, et que copie collationnée dudit traité de paix sera envoyée à chacune des quatorze paroisses de la province de l'ouest.

Arrêté en outre que, tant le concordat du 11 septembre dernier, que le présent traité de paix, seront imprimés à la suite l'un de l'autre, au nombre de trois mille exemplaires.

Fait sur l'habitation Damiens , en quadruple, ce jourd'hui vingt-un octobre mil sept cent quare-vingt-onze.

Le présent traité de paix ayant été présenté à la signature, les commissaires des blancs de la paroisse du Port-au-Prince ont observé que les articles XIX et XXIII concernoient plusieurs corps , que les citoyens n'avoient pas le droit d'obliger à leur exécution, et ils ont demandé à faire lecture desdits articles auxdits corps avant de signer : sur quoi il a été arrêté qu'il seroit remis aux commissaires des citoyens blancs de ladite paroisse , une copie des demandes et des réponses ci-dessus, laquelle leur a été remise, signée des commissaires des citoyens blancs des autres paroisses ; en conséquence , la signature du présent traité a été renvoyée après le retour desdits commissaires.

Et le dimanche vingt-trois du même mois, à sept heures du matin, les commissaires des citoyens blancs étant de retour sur l'habitation Damiens ; et tous les autres commissaires y étant réunis , ils ont tous signé le présent en quadruple minutes.

D'Oleyres. Levdier. Beaudouïx. Jean Drouin. Grasset. Hugville jeune. J.-J. Raboteau. Pongaudin. Sterlein cadet. Savary aîné. A. Rigaud. Cyprien Jolly. Lazare Perodin. Marc Borno. Alexandre Petit-Boit. Pétion. P. Pellerin. B. Nivard. Barthélemi Medor. Doyon aîné. J. Borno aîné. Caradeux. Chev. Lepinard. A. Dugla. Déslandes. J. B. Paul. E. J. Guieu. Barbaucour. Piver. Laquinte de Clavin. Poisson. J. Jolly fils. P. Michel le Blanc. F. Périsse. Cottin. Louis de Clavin. Juste Drouillard. Dupalis. Feneyrol. Damaud. Dutau. Saljuzan. Ch. Olivier. Tiby aîné. P. Coquillo ; J. B. Lapointe. Beauvais. Avril. Dufour. Hamon de Vaujoyeux. J. L. Allenet. Camfrannq. Chanlatte fiils. Leremboure père. Piccard. Pinson fils. G. Catherinot. Vincendon du Tour. Delagroix. Lathoison Desvarreux. P. Pinchinat. Dubourg Tavet.

L'an mil sept cent quatr-vingt-onze, et le dimanche vingt-troisième jour du mois d'octobre, en exécution de l'article XIX du traité de paix fait entre les commissaires blancs et les commissaires des citoyens de couleur de la province de l'ouest, les dix-neuf, vingt et vingt-un du présent mois, et signé ce jour, les députations de la garde nationale de la paroisse du Port-au-Prince, des bataillons de Normandie et d'Artois, du corps royal d'artillerie, du corps de la marine royale, de l'équipage du *Borée*, du corps de la marine marchande, et un nombre égal de citoyens de l'armée campée au bourg de la Croix-des-Bouquets, se sont rendus au Pont-de-Vallière, et ensuite sur l'habitation Damiens ; et lecture ayant été faite par M. le maire de la municipalité du Port-au-Prince, en présence de M. Clery, substitut du procureur-syndic de la municipalité, et de tous les commissaires du susdit traité de paix en entier, à haute et intelligible voix ; lesdits citoyens blancs et de couleur se sont donnés réciproquement les témoignages les plus authentiques de réconciliation ; et après avoir prêté le serment civique, ils ont tous jurés de maintenir ledit traité dans tout son contenu, et de regarder comme ennemi du bien public quiconque refuseroit de l'exécuter.

Fait sur l'habitation Damiens, les jour, mois et an que dessus, et ont les susdits commissaires signé. (Suivent les signatures comme au traité.)

Discours prononcé par M. le maire du Port-au-Prince, à la suite de la lecture du traité de paix.

MESSIEURS,

Qu'il est beau ce jour où nous pouvons dire avec vérité que nous sommes tous frères et amis !

Qu'il est beau ce jour où deux classes de citoyens divisés jusqu'ici se mêlent et se confondent pour n'en faire à l'avenir qu'une seule !

Qu'il est beau, enfin, ce jour où une réconciliation entière, franche, loyale, rapprochant tous les cœurs, éteint tout souvenir du passé, et ne laisse plus voir devant nous que des jours tranquilles et heureux, passés dans les douceurs de la confiance et de l'amitié !

Nous sommes donc, de ce jour, frères et amis ; nous scellons en ce moment la paix et la réconciliation.

(15)

Jurons tous, promettons-nous tous de nous soutenir et de nous défendre mutuellement, d'être tous les protecteurs du bon ordre et de la sûreté publique. Unissons-nous pour la cause commune, et ne connoissons d'autres ennemis que les ennemis du bien public. Jurons de regarder et de traiter comme perturbateurs du repos public tous ceux qui contreviendroient au présent traité. (*Ici toute la députation a crié : nous le jurons.*)

Citoyens de couleur, mes amis, vous perdez ici cette dénomination ; il n'existe plus de distinction, plus de différence. Nous n'aurons à l'avenir, tous ensemble, qu'une même qualification, celle de citoyen:

Que la sincérité préside à un contrat aussi solemnel et aussi sacré ; que les expressions de la bouche ne soient point démenties par les sentimens du cœur. Promettons-nous tous amitié, franchise, loyauté; er que les témoignages que nous nous donnons ici soient le gage d'une paix et d'une union durables à jamais. (*Toute la députation a dit : Nous le jurons.*)

Et vous, braves militaires de Normandie et d'Artois, du corps d'Artillerie, de la marine royale et marchande, de l'équipage du vaisseau le *Borée* ; vous tous enfin qui êtes ici présens, partagez notre satisfaction, et mêlez vos élans aux nôtres

C'est à vous que nous sommes redevables de notre état ; c'est vous qui, dans tous les temps, nous avez secourus, soutenus. Vous savez, à la guerre, montrer que vous êtes de braves militaires, comme vous savez à la paix montrer qxe vous êtes de bons citoyens. Recevez ici tous nos sentimens d'amitié et de reconnoissance.

Il ne manque plus à notre bonheur qu'une chose, c'est de la rendre durable ; c'est d'écarter loin de nous tout ce qui peut troubler l'ordre et la paix ; c'est de ramener la confiance, la tranquillité, la sûreté publiques. Que la loi soit observée; que ceux qui commandent soient obéis ; voilà notre vœu à tous : et, pour qu'il soit bien rempli, finissons un acte aussi solemnel par un serment sacré, et disons tous : Je jure d'être fidèle à la *nation*, à la *loi* et au *roi*, et de contribuer de tout mon pouvoir à la tranquillité publique. (*Nous le jurons.*)

DE L'IMPRIMERIE DU PATRIOTE FRANÇOIS
place du Théâtre Italien.

RÉFLEXIONS

SUR

LES COLONIES.

Toute autorité qui ne bafe pas fes opérations fur des principes généraux, marche au defpotifme, fi elle ne touche à fa diffolutiou.

La convention nationale a confacré la liberté, l'égalité des hommes.

Les hommes des colonies diffèrent entr'eux par leurs formes, mais ils naiffent tous libres & égaux en droits.

La convention ne peut s'occuper de la légifla-tion des colonies, fans s'occuper des hommes qui les habitent.

Elle ne peut, fans crime, confacrer leur efcla-vage.

Elle ne peut même décréter leur affranchiffement graduel; car, alors, elle confacreroit implicitement ou explicitement l'efclavage (1).

Si les hommes ont des droits à exercer, les peuples ont auffi les leurs (2).

La convention a déclaré que la fouveraineté eft inhérente à tous les peuples.

Les contrées que la France appelle fes colonies, n'ont pas été conquifes (3); elles n'ont pas été

A

achetées ; elles ne peuvent être la propriété de la France , parce qu'un peuple ne peut appartenir à un autre peuple.

Si les colonies ne font pas la propriété de la France , elles font donc libres d'émettre leur vœu fur les rapports qui doivent les unir à la France.

Les amis & les ennemis de la révolution s'entrechoquent dans les colonies avec plus ou moins de violence.

Leur haîne va toujours croiffant , & les fuccès de l'un des deux partis ne fervira qu'à faire prendre au plus foible des moyens extraordinaires. —— Alors, les hommes non libres feront armés partout , & bientôt , comme en Afrique , ils s'entregorgeront eux-mêmes fur les cadavres de leurs maîtres (4).

La convention nationale doit ménager les intérêts & les paffions de tous : elle doit placer entr'eux fon caducée conciliateur (5).

Les hommes libres réunis , les hommes non libres rentreront facilement dans l'ordre ; & cinquante mille européens périront fur les plages de Saint - Domingue , s'ils en veulent faire la conquête (6).

Si les ariftocrates de la Gironde ne vouloient opprimer les colonies ; fi les hommes à grands principes n'étoient affervis ou trompés par cette tourbe liberticide , la convention déclareroit :

I.

QUE les colons ont , comme tous les autres peuples , le libre exercice de la fouveraineté.

2.

QU'ILS peuvent fe donner telle forme de gouvernement qui leur fera convenable (7).

A cet effet elle décréteroit :

1.

QUE chaque municipalité de chacune des colonies françoifes, & de toutes celles où fe porteront les armées de la république, convoquera les citoyens de leur arrondiffement en affemblées primaires.

2.

QUE tout homme libre, âgé de 21 ans, eft habile à voter & éligible.

3.

QUE chaque affemblée primaire nommera des députés à une convention.

4.

QUE chaque paroiffe fournira le même nombre de députés qu'elle avoit à l'affemblée coloniale préexiftante.

5.

QUE là où il n'y aura pas eu d'affemblée coloniale, on bafera la repréfentation fur le centième de la population active.

6.

QUE la convention de chacune des colonies

A 2

émettra son vœu sur la nature & la forme de gouvernement applicable au pays qu'elle repréfentera.

7.

QUE son vœu fera soumis à la délibération &
approbation de tous les citoyens réunis en affemblées primaires.

8.

QUE le vœu énoncé par la majorité des citoyens
fera refpecté & facré.

9.

QU'IL fera accordé amniftie pour tous les
délits politiques commis dans les colonies (8).

10.

QUE la convention enverra des commiffaires
dans chaque colonie, pour maintenir la liberté des
opinions & des fuffrages.

11.

QUE, devant les commiffaires, toutes les autorités demeureront fufpendues, jufqu'à ce que le
peuple ait ratifie le vœu émis par la convention
de la colonie.

12.

QUE le vœu de chaque paroiffe fera compté
en raifon des députés que chacune aura fourni à
la convention.

13.

QUE toutes les difficultés qui pourront s'élever

5

sur la repréfentation des paroiffes, feront jugées par la convention de la colonie elle-même.

14.

QUE les dettes publiques ou privées, que les colonies ou leurs habitans auroient pu contracter avec la république ou avec les citoyens françois, feront rembourfées dans les délais convenus. Alors, les colonies diront à la France : « Nous organiferons » notre régime intérieur exclufivement à vous.

» Nous ferons avec vous un pacte d'union, » d'amitié & de commerce ; & vous y trouverez » le dédommagement des frais de protection, que » vous pourrez nous accorder ».

NOTES.

(1) LES ariftocrates qu'à mal-à-propos députés la Gironde, penfent le contraire : leur intérêt & leur force furent toujours la mefure de leur religion, & les principes éternels des droits des hommes & des peuples, tombent toujours devant leur cupidité & leur orgueil.

(2) Paul NERAC, député à l'affemblée conftituante, par le pays Bordelois, difoit : « qu'il ne fa loit con- » fidérer les colonies que comme des fermes qu'il falloit » preffurer, pour les abandonner de fuite après » Ses dignes fucceffeurs marchent fur fes erremens ; & BRISSOT, le tortueux BRISSOT, afferviffant les colonies au defpo- tifme de la France, oublie les principes qu'il avoit établis dans le n 212, premier trimeftre de fa gazette, en 1790. « Quant au gouvernement des colonies, difoit- » il, il eft bien fimple à organifer : on doit l'envifager » fous deux rapports intérieurs & extérieurs, ou rapports

A 3

» avec la métropole. Pour les premiers, il faut donner
» aux colonies un gouvernement femblable à celui que
» nous avons adopté, c'eft-à-dire, *une affemblée qui*
» *faffe les loix intérieures de la colonie, un gouver-*
» *nement avec un confeil exécutif, & qui les mette en*
» *rapport avec celui de la métropole, à l'affemblée de*
» *laquelle il faut réferver les loix, pour les rapports*
» *extérieurs des colonies »*

Pourquoi Briffot, trois mois après, a-t-il prêché &
prêche encore l'afferviffement des colonies ? c'eft que
Briffot eft un déforganifateur toujours en oppofition
avec lui-même.

(3) Je ne parle que de mon pays, Saint-Domingue,
que des publiciftes appellent mal-à-propos leur colonie,
& Paul Nerac *fa ferme*, parce que les defpotes de Ver-
failles difoient autrefois que Saint-Domingue étoit une
colonie, comme ils difoient que le citoyen françois étoit
le *fujet* du tyran.

Cadix, Marseille, &c. nous apprennent ce que
c'eft qu'une colonie. Quelques Phœniciens, quelques
Phocéens, quittant leur pays, en jettèrent les fondemens;
& les citoyens de Marfeille & de Cadix ne furent jamais
ni les fujets, ni la propriété de leur mère-patrie : ils
furent fouverains, indépendans, fes amis, fes alliés,
& non fes efclaves.

Tels font les droits des colonies françoifes, & Saint-
Domingue en a de plus facrés encore ; car fes habitans
furent, dès le commencement de leur réunion en fociété,
un compofé de toutes les nations. Lorfque ces hommes
généreux fuyoient le defpotifme de l'Europe, à travers
les mers de la Zone torride, ils étoient loin de croire
que leur poftérité, libre fous Louis XIV lui-même,
feroit un jour affujettie à la république françoife, pour
fatisfaire les paffions d'une faction déforganifatrice &
puiffante.

(4) L'Efpagne, autrefois riche, populeufe & puiffante, n'eft plus qu'un défert, depuis qu'elle a donné
à fes colonies une trop grande latitude. A leur tour,
ces colonies feront libres.

L'Amérique du Nord étoit une colonie angloise. Sa force l'élève au rang des peuples souverains.

Telle est la leçon terrible que les temps ont donnée à l'Europe.

Le gouvernement anglois voit que ses colonies, trop multipliées, épuisent la métropole, qui ne peut les protéger efficacement toutes à la fois.

Le gouvernement anglois voit que ses Antilles sont épuisées ;

Qu'elles ne fournissent pas même le sucre & le café nécessaires à la consommation des trois royaumes ;

Qu'elles ne sont utiles qu'à leurs cultivateurs ;

Qu'elles ne sont utiles au commerce, que par l'interlope qu'elles facilitent : car les propriétaires des Antilles angloises vivent presque tous en Europe ; & ces contrées ne consomment aucune denrée de luxe ; ces propriétaires entretiennent, avec leurs administrateurs, des relations directes ; & leurs richesses ne passent pas, comme celles des François, par la filière d'un commerce spoliateur.

Le gouvernement anglois possède *exclusivement* les riches plaines du *Gambie* & celles du *Gange*. Là, le caffier, la canne, le coton, l'indigo croissent mieux encore que dans les sables de l'Amérique : là, un peuple immense, indigène, sobre, pacifique & attaché à l'esclavage par le dogme religieux, par la loi, par l'habitude d'un million de siècles, promet d'abondantes moissons.

Le gouvernement anglois veut y porter ses richesses, son industrie, ses forces, pour contenir les nababs qui s'agitent sur les frontières : mais il faut préalablement sacrifier toutes les Antilles. S'il en étoit autrement, les denrées de ces contrées, plus rapprochées de l'Europe, établiroient une concurrence destructive de ce vaste projet.

Le gouvernement anglois n'ose en proposer l'exécution au peuple, pas plus qu'il n'osoit lui proposer la guerre contre la France ; mais, ainsi qu'il a trouvé

BRISSOT fous fa main pour faire déclarer la guerre, de même il a trouvé B R I S S O T pour dévafter les Antilles.

Les patriotes & les contre-révolutionnaires fe déchiroient aux Antilles ; & BRISSOT, calomniant les patriotes, APOTHÉOSOIT les contre-révolutionnaires. Il couvroit d un voile épais la vérité, qu'il écartoit par fon crédit.

A la Martinique, l'ariftocratie triomphe. PITT y envoye des émigrés françois. PITT fçait très - bien que ces hommes, affamés de vengeance, feront trembler les patriotes, qui, pouffés au défefpoir, armeront leure nègres, & s'enfeveliront fous les ruines de leur pays.

BRISSOT a pris des mefures différentes à Saint-Domingue. Là ; les contre-révolutionnaires, forts des efclaves & des citoyens de couleur qu'ils avoient révoltés, luttoient contre les patriotes, qui réprimoient la révolte & balançoient les fuccès de leurs ennemis. Six mille foldats revolutionnaires arrivent dans ces contrées ; ils protègent les patriotes, & les chefs des agitateurs font déportés. Le calme alloit renaître ; mais POLVEREL & SONTHONAX, que BRISSOT & la Gironde avoient élevés à la *dictature*, ont pris de nouvelles mefures, & le plan de BLANCHELANDE & de CAMBEFORT eft repris en fous-œuvre.

« *Les citoyens de couleur n'ont pas encore atteint le* » *degré d'inftruction néceffaire,* difoient POLVEREL & » SONTHONAX dans leur lettre, du 25 octobre, à la » convention nationale, *ils ont été les inftrumens des* » *ennemis de la révolution. Les efclaves étoient dans* » *les mêmes principes ; & par - tout ou fe portoient* » *leurs armes, là, le royalifme triomphoit ; là, le* » *régime populaire étoit profcrit* ». —— Ces mêmes hommes entourent aujourd'hui ces commiffaires, & font encore une fois leurs inftrumens. La loi du 4 avril étoit loyalement exécutée ; POLVEREL & SONTHONAX pouvoient la faire chérir......; mais, loin delà, ils déportent les patriotes, après avoir fait déporter les aristocrates, & substituent ainsi une guerre de couleur à une guerre d'opinion. Les blancs des deux partis vont se rapprocher; ils vont armer leurs esclaves . . . . . & Saint-Domingue ne sera plus. . . . . .

De proche en proche, la révolte gagnera toutes les Antilles. L'Angleterre imprimera aux possessions continentales de l'Espagne, un mouvement révolutionnaire, &, seule, elle fera le commerce du monde.

(5) Les faiseurs de la Gironde, qui dominent le comité de défense générale (*c'est le loup berger*), ont le projet de reporter aux colonies l'ancien regime. FONFREDE, CAMBOLAS & .... ont eu l'impudeur de me le proposer, & la bêtise de me promettre de faire prononcer l'indépendance de Saint-Domingue, au retour de la paix, SI JE LEUR LAISSOIS PASSER CE DECRET. . . . . . . Les patriotes de Saint-Domingue se sont laissés ruiner plutôt que de composer avec l'ancien régime; & les Girondois osent proposer à leur plus zélé défenseur cet arrangement criminel !!... Je me suis occupé de déjouer leur projet, & les lâches ont osé délibérer sur mon emprisonnement : GUADET, BRISSOT, FONFREDE en ont fait la proposition au comité de défense générale; les patriotes l'ont rejettée avec horreur.

FRANKLIN, l'immortel FRANKLIN, à qui la France régénérée élève des autels, eût été incarcéré, guillotiné par ces agitateurs !... Les perfides ! ils ignorent que si Louis CAPET, leur *fétiche*, mérita jamais de l'humanité, c'est alors qu'il protégea l'indépendance du peuple américain..... Les droits du peuple des Antilles sont-ils donc moins sacrés ? la justice éternelle a-t-elle deux poids & deux mesures ?

(6) Malgré les soins que les citoyens de Saint-Domingue ont pris du soldat françois, les deux tiers ont péri des influences du climat. Qu'ils sont présomptueux ces hommes qui combinent des plans d'attaque

& de défenfe pour un pays dont ils n'ont même pas les premiers élémens. Ils font de ces contrées un vafte cimetière, plutôt que de laiffer aux colons le foin de fe gouverner & de fe défendre eux-mêmes.

(7) Tels étoient, diront les gens de la Gironde, tels étoient les principes de la faction de Saint-Marc, de cette faction criminelle qui a incendié fes poffeffions, pour s'élever à l'indépendance..... —— Hommes perfides, s'il vous refte encore une confcience, defcendez-y ; & fi vous pouvez encore fixer la vertu, fuivez cette faction de Saint-Marc que l'orgueilleux Barnave, que l'affemblée conftituante elle-même ne peut trouver coupable, pour excufer fes d crets vexatoires.

La faction de Saint-Marc, la connoiffez-vous ? .... Tous les patriotes de Saint-Domingue la compofent, & les patriotes poffédoient quatre milliards de richeffes, qu'ils ont facrifiés, non pas à leur projet d'indépendance, mais à leur attachement à la révolution que vous défhonorez. Cette faction auroit encore fes richeffes paffées, fi, comme vous, elle eût voulu compofer avec le tyran : cette faction ne demanda jamais que le droit de faire fes loix locales, & votre ami BRISSOT penfoit alors comme elle ; j'en attefte fa feuille n°. 212, premier trimeftre de 1790. Si je demande aujourd'hui que mon pays ait le libre exercice de fa fouveraineté, CE N'EST QUE PARCE QUE VOUS OPINEZ DANS LA CONVENTION NATIONALE......

Vous avez toujours protégé les contre révolutionnaires de Saint-Domingué ; vous avez toujours victimé les patriotes de Saint-Domingue ; vous avez trompé la convention dans l'affaire de Cambefort & Touzard : vous craignez que les patriotes n'éclairent leurs crimes & les vôtres.

C'eft ainfi que vous avez fait l'apologie de BEHAGUE & des dévaftateurs de Saint-Domingue, pendant que LOUIS CAPET accaparoit les fucres & les cafés dans tous les marchés de l'Europe. Vous efpériez, par ces manœuvres, anéantir la marine, le commerce, les manufactures, & provoquer l'infurrection des *sans-culottes* par la misère, calomniant fans ceffe les corps populaires, au fein des reprefentans de la France, vous préfentiez toujours les hommes de l'ancien régime comme les feuls patriotes de Saint-Domingue; & ce n'étoit pas fans quelqu'interêt puiffant, puifqu'aujourd'hui même vous avez eu l'audace d'en impofer à la convention, pour faire acquitter le crime & victimer la vertu.

(8) Cette amniftie eft néceffaire aux contre-révolutionnaires & à leurs inftrumens. Les patriotes la dédaignent.... & déjà les FONFREDE, les CAMBOULAS, qui voudroient etouffer toutes les turpitudes de la Gironde, me l'ont propofée comme une mefure falutaire aux patriotes VERNEUIL, GERVAIS, FOURNIER & BAILLO, qui la repouffent avec horreur. Ces citoyens demandent juftice.

Et moi, organe des autres victimes de POLVEREL & SONTHONAX, des MICHEL, &c., DELAIRE, DAUGY, L'ARCHEVÊQUE THIBAUT, cet homme qui . feul, a déjoué tous les complots dévaftateurs de Saint-Domingue, cet homme que redoute la cabale liberticide, je demande qu'ils foient appellés à la barre de la convention nationale, pour y être entendus. Une faction puiffante les tient au loin, parce qu'elle craint le jour que ces patriotes pourroient jetter fur leur conduite

PAGE, *commiffaire de Saint-Domingue.*

De l'Imprimerie de L. POTIER DE LILLE, rue Favart, n°. 5.

DU RÉGIME

COLONIAL.

Par MILSCENT, Créole.

————

À PARIS,

De l'Imprimerie du Cercle Social, rue du
Théâtre-François, n°. 4.
1792.
L'an 4 de la liberté.

NOTES ET REMARQUES

SUR LE RÉGIME

·DES COLONIES,

Et particulièrement sur celle de S. Domingue.

———————

IL étoit si aisé de prévoir les funestes évènemens de la province du nord de St. Domingue par le régime des colonies, que je suis dans la ferme persuasion qu'il n'est pas un seul de ces colons mêmes qui témoignent le plus de répugnance pour voir anéantir le préjugé colonial, qui ne l'ait senti comme moi. Mais, soit crainte de se compromettre, dans un lieu où l'on est suspecté du crime de lèse-nation, sur cela seul qu'on est d'une opinion contraire à ce fatal préjugé, soit insouciance, soit orgueil, personne n'en a voulu convenir. Ceux que cette pusillanime crainte arrête, disent : *que j'ose manifester ce que je sens, ce que je vois, ma vie, ou tout au moins mes biens sont exposés au plus grand danger : en me taisant, je suivrai le torrent, et j'en passerai par ce que des ames vertueuses et humaines ne peuvent manquer d'opérer dans l'assemblée nationale, qui ne marche ou ne doit marcher que sur les principes de la constitution, fondée sur les droits sacrés et imperturbables de l'homme. Au reste, les choses en iront comme par le passé, et j'en profiterai à l'abri de mon silence et de l'ignorance où l'on sera de ma manière de penser.*

Voilà le langage des esprits foibles. Ceux dont l'insouciance est la maladie, disent ; *que m'importe un régime ou un autre ? tel que l'on décidera, j'en profiterai, je n'irai pas*

A 2

sur troubler le repos pour une chose qui n'aboutit à rien dans la
réalité , soit pour ou contre.

Ceux que le seul orgueil et l'ambition guident , tiennent un tout autre langage ; leurs vues de domination
s'étendent autant sur les mœurs que sur l'intérêt pécuniaire.
Nous ne souffrirons jamais , disent-ils , que nos affranchis ou
leurs descendans s'égalent à nous ; nous les exterminerons tous
plutôt , s'il le faut. S'il en survient du trouble , s'il en coûte
du sang , c'est égal ; tout rentrera dans l'ordre ensuite. On
criera un peu contre nous , nous aurons toujours triomphé.
Nous crierons aussi contre ceux qui se seront opposés à nos
vœux, et nous les traiterons de philantropes odieux , de fac-
tieux infâmes ; nous publierons qu'ils veulent nous faire égorger
par nos esclaves. Nous mettrons de notre côté tous ceux qui se
plaignent du nouveau régime, et parmi ceux-là , le pouvoir exé-
cutif sera pour nous , arrêtera nos adversaires , renversera
leurs mesures, ou les entravera, et nous serons maintenus dans
notre régime dominateur.

Voilà ce qu'on n'a pas craint de dire en ma présence,
dans la colonie de St. Domingue, dans toutes les sociétés.
Si les journalistes du lieu eussent osé , ils eussent dénoncé
cette doctrine affreuse ; ils n'ont pu l'indiquer qu'amphi-
bologiquement, et *Gatereau* , auteur du courier littéraire
du Cap, pour avoir manifesté plus clairement son sentiment là-dessus, a été enlevé de chez lui , mis au cachot,
d'où il a été conduit lié et garrotté à bord d'un navire
provençal qui faisoit voile pour Marseille.

Cependant, les colons, dans leur délire, oubliant leur
foiblesse et les forces de la nation, ont osé répondre
que le décret rendu en faveur des hommes de couleur,
peut non-seulement occasionner des troubles dans les
colonies , mais même causer sa subversion *et leur scission*
avec la France. On a vu quelques places de commerce,
dominées sans doute par l'esprit colonial , répéter ces
absurdités. Il faut n'avoir aucune notion de la disposition
de la majeure partie des colons, ou être de mauvaise foi,

pour oser donner ces rêves pour des vérités politiques.

Il est aujourd'hui inutile de s'attacher à démontrer combien au contraire le décret du 15 mai est nécessaire à la sûreté et à la splendeur des colonies : malheureusement les désastres de la province du nord de St. Domingue ne le prouvent que trop bien. Si l'on n'avoit pas eu l'impolitique d'y désarmer les hommes de couleur et de les traiter aussi injustement, jamais les esclaves n'eussent pensé à se soulever.

J'ai les papiers publics du Cap , et notamment *le Moniteur colonial* ; en le parcourant avec attention, on est convaincu par tous les écrits des assemblées , des municipalités , du gouverneur général , des corps de troupes de ligne , de cent particuliers de St. Domingue ; qu'à la fin d'avril , un peu avant la mort de M. Mauduit , le bruit s'étant répandu , à l'occasion des commissaires , que l'assemblée nationale envoyoit pour pacifier les colonies , qu'elle avoit rendu , le 17 décembre , un décret qui rendoit aux hommes de couleur libres tous leurs droits ; on se convaincra de la joie qu'en eut le public en général ; on verra encore que le gouverneur Blanchelande et l'assemblée provinciale du nord se plaignirent publiquement de la satisfaction de la plûpart des habitans et des troupes de ligne , à qui l'un et l'autre reprochèrent d'avoir embrassé les hommes de couleur dans les rues , pour les féliciter de la justice que l'on venoit, soi-disant, de leur rendre.

On (1) verra encore par l'entortillement des expressions de plus de vingt lettres consignées dans le même journal, et par le sens amphibologique des articles du rédacteur

(1) Qu'on compulse les registres des municipalités des campagnes, on verra que lors des premieres assemblées primaires , les hommes de couleur y furent reçus sans difficulté; il en a été de même de plusieurs districts du Cap. C'est que les instructions Barnaviennes n'étoient pas encore reçues et adoptées dans ce pays.

même, que le sentiment de la presque totalité est l'approbation de ce décret, qui ne fut cependant rendu que
le 15 mai suivant ; mais une funeste incertitude imposoit
un silence qu'on ne gardoit qu'avec autant de contrainte
que de douleur, et qu'il n'eut fallu qu'un mot de l'assemblée nationale, pour rendre à tous les cœurs justes, le
courage que la fureur et la licence des autres retenoit
dans l'inaction. Cette vérité est sensible ; pourroit on se
persuader qu'il n'y eût de bons Français qu'en Europe ?

Si donc l'assemblée constituante eût profité de la disposition des esprits, et n'eût pas attendu les longueurs
et les trâmes perfides des malveillans, elle eût préservé
St. Domingue des maux qu'il vient d'éprouver. Pourquoi
séparer les colonies de la France, par un régime différent,
régime qui y laisse le despotisme à la place de la justice
et de l'humanité ?

Voilà mes preuves pour St. Domingue ; elles ne sont
pas moins évidentes pour la Martinique, qui n'a cessé de
se plaindre que les habitans, d'accord avec M. de Damas,
avoient rendu aux hommes de couleur tous leurs droits.
On sait qu'il n'y avoit que quelques négocians de St.
Pierre qui se plaignissent de cette justice.

A l'appui de ces vérités incontestables, je puis attester
ici, sans craindre d'être démenti par personne de bonne
foi, et autrement que par une simple négative dénuée de
cause, que, à ma pleine connoissance, plus des deux tiers
des blancs de St. Domingue desiroient ce décret constitutionnel et avantageux, mais qu'ils n'osoient manifester
leur vœu aux yeux de ces hommes qu'on appelle sur les
lieux, *les petits blanchets* (1), qui ne desirent le contraire
que dans l'espoir de trouver de bonnes occasions de se jetter
sur les propriétés des hommes de couleur, dont un grand
nombre est fort riche.

Qu'on demande à voir le fond de la procédure d'Ogé,

(1) Ce qui veut dire gens sans aveu et mal famés.

qu'on n'a jamais osé interroger en public ; procédure qu'on
a pris un si grand soin de rendre occulte à toute la colonie ; on y verra, *si l'on a tout écrit*, qu'une foule de blancs
y ont été compliqués, non pour avoir trempé dans la
révolte, mais seulement pour avoir professé l'équité envers
cette classe infortunée contre laquelle la tyrannie vouloit
conserver le droit de se déchaîner arbitrairement. L'accu-
sation des compagnons d'Ogé remontoit si loin au-delà de
l'époque de son arrivée dans la colonie, qu'on n'a osé
toucher à cette corde, qui eut délié la langue de la justice dans toute l'île. De tels faits ne peuvent se détruire,
quoiqu'en ait dit dans les affiches de Bordeaux le très-
jeune député de la municipalité de la Grande Rivière à
l'assemblée du Cap, *M. Mazerres.*

De quelle autre part donc, que de celle des nègres,
eussent pu venir les insurrections et les guerres dans les
colonies ? Seroit-ce de quelques orgueilleux impuissans ?
Ils s'en garderoient bien ! On vient de voir leur empresse-
ment à recourir à ces hommes de couleur dont ils faisoient
tant de mépris, et dont, disoient-ils, ils pouvoient si
bien se passer ; on vient de les voir envoyer à toute hâte
des lettres de réhabilitation aux frères d'Ogé et de Cha-
vanne, parce qu'ils ont défendu les blancs ; et ils avoient
été condamnés à mort pour les avoir voulu préserver de
tout trouble et de toute attaque.

J'ose l'affirmer hautement, la révolution est entièrement
faite dans les colonies ; le dessous des cartes est connu,
et le mot de l'énigme est trouvé : le premier est que si
les blancs pouvoient se passer des hommes de couleur
libres, ils les fouleroient aux pieds, s'ils ne les extermi-
noient pas : le second, c'est qu'ils ne peuvent s'en passer,
et que, du moment que l'esclave n'auroit plus à craindre
les hommes de couleur libres, il n'y auroit plus d'esclavage. Le nombre des nègres est à un tel point, qu'il
faudroit des armées formidables pour les maintenir dans
l'ordre, sans les gens libres. Ces armées coûteroient à la

France dix fois plus en *hommes* et en argent, que les colonies ne lui produisent. Les colons se cotiseront-ils pour faire cette énorme dépense ? alors point de richesses pour eux ; et que sert-il d'aller se livrer à un climat dévorant, si l'on ne risque pas de pouvoir au moins s'enrichir dans dix ans? Que l'on compare les recrues des troupes d'outremer avec ceux des troupes qui restent en France, et l'on verra ce que coûteroit la conservation des colonies en hommes, si ceux de couleur ne discontinuoient pas d'y en envoyer.

Mais les esprits sont mieux disposés que jamais à remédier à cet effroyable inconvénient, depuis les désastres dont la Martinique et Saint-Domingue ont été frappés. On a fait une malheureuse expérience du danger d'un préjugé insensé, qui n'attaque pas même le plus léger amour-propre. Si l'assemblée nationale manque cet instant favorable de rétablir, ou plutôt de faire agir le décret du 15 de mai, qui n'a pu être révoqué par l'assemblée, lorsqu'elle n'étoit plus que législative, les maux ne sont point finis dans les colonies: le feu couve sous la cendre ; il ne faut qu'un peu du vent du désespoir pour l'allumer de nouveau. Les bons esprits du Cap le sentent ; ils n'attendent plus qu'un décret de l'assemblée nationale pour se livrer ouvertement à la satisfaction d'être justes envers une classe à laquelle on est plus obligé que jamais, puisqu'on lui doit le salut de la colonie. Combien d'ames sensibles et vraies béniroient nos législateurs humains et sages, si elles leur devoient une loi qui, en rétablissant le calme, et ramenant la splendeur des colonies par l'exercice de la justice, permettroit aux cœurs droits de se livrer sans contrainte à la doueeur de la reconnoissance et de l'épanchement de l'estime.

Voici une remarque importante. Avant que l'assemblée coloniale se fût formée à Léogane, on vit celle de la province du Nord, à l'exemple de toutes les municipalités du pays, déclarer, par un serment authentique, *qu'elle accepteroit avec respect, obéissance et reconnoissance, tous les décrets possibles du corps législatif de l'empire françois.* On voit que c'est un détour adroit pour prévenir les murmures de quelques-uns de ces *petites gens* mal-intentionnés, et de seconder les desirs des autres sur le décret en faveur des hommes de couleur, que l'on sentoit ne pouvoir éviter d'après les bases constitutionnelles de la régénération françoise, et d'après les vues d'une sage politique coloniale.

Telles etoient les dispositions de toute la colonie alors, et toutes ces pièces sont consignées dans le *Moniteur colonial.* Ce n'est que lorsque l'assemblée coloniale à Léogane s'est déclaree telle, à la majorité de 67 voix sur 46, qu'on a commencé à sentir l'influence de cinq ou six ci-devant chicaneurs, sur les esprits de la colonie. Alors les autres (les 46 sans doute) n'ayant pas voulu s ecarter des principes, tout-à-coup l'assemblée accourt auprès du bon général qui avoit juré la rejection du décret.

N'y a-t il pas dans tout cela un mystère dont l'explication nous apprendroit les choses les plus importantes dans la conduite du général, comme de ses dévoués ? On avoit vu comment l'assemblée de St. Marc avoit été poursuivie, recommandée, puis jugée par les Barnaviens ; l'assemblée de Léogane, convoquée légalement, d'après la proclamation de ce gouverneur, toujours commode aux colons despotes, devant y tenir ses séances revient au Cap, au centre des ennemis des décrets de l'assemblée nationale.

Il y a une autre remarque intéressante à faire ; c est que dans le même tems que l'assemblée coloniale étoit séante à Léogane, il paroît, par le concordat du Port-au-Prince, qu'il y a eu un mouvement chez les gens de couleur du lieu ; qu'ils ont pris les armes, etc. ; et on n'est instruit ni du sujet, ni des vraies circonstances. Or, je le demande aux colons les plus de mauvaise foi même, si les gens de cou-couleur libres n'avoient pas été nécessité à prendre les armes, le gouverneur même ne s'en seroit-il pas plaint ? N'en auroit-on pas rendu compte au ministre ou à l'assemblée

B

nationale ? Mais nullement : le concordat a lieu , on ne dit pas un mot des circonstances qui l'ont précédé et qui y ont donné lieu (1). N'es-il pas facile de voir que les blancs , et sans doute l'assemblée coloniale la première , avoient voulu faire aux hommes de couleur du Port-au-Prince , tout au moins ce qu'ils avoient fait à ceux du Cap ?

M. Blanchelande a rendu compte au ministre des trou-bles de la province du nord , mais il ne dit pas un mot de la formation ni de la translation de l'assemblée de Léogane , au Cap. Ce qu'il dit du concordat n'est encore qu'une réticence ; à moins que le ministre n'ait pas tout dit à l'assemblée nationale.

M. Blanchelande , dont les principes deviennent trop faciles à pénétrer en voulant les rendre trop équivoques , se plaint des régimens d'Artois et de Normandie ; et nous avons des lettres qui élèvent aux nues la conduite et les services de ces deux corps , qui ont si bien secondé l'in-trépidité des hommes de couleur contre les nègres rebelles.

D'après les remarques fondées sur des idées authentiques , il est visible que St. Demingue étoit disposé à obéir aux décrets de l'assemblée nationale , mais qu'on a induit les colons en erreur. Il ne faut que se ressouvenir de la lettre de M. Blanchelande au ministre , par laquelle il assure qu'il versera plutôt jusqu'à la dernière goutte de son sang, que de souffrir que les habitans confiés à ses soins , tournent leurs armes les uns contre les autres ; il ne faut que se rappeler encore la retraite des députés coloniaux de l'as-semblée constituante après le décret du 15 mai , pour saisir le fil de la trame affreuse que les mal - intentionnés ont ourdis contre les colonies. La déclaration de Barnave contre ce décret auquel , disoit-il , il n'avoit en rien participé , est une nuance de plus pour éclairer les traits de ce tableau représentatif de tous les maux de la Martinique et de St. Domingue.

Un des traits les plus saillans de cette affligeante image,

(1) Ce qu'on en sait n'instruit pas sur cette affaire.

c'est la basse flatterie de quelques négocians égoïstes qui,
dans l'espoir de s'attirer à eux seuls toutes les correspon-
dances coloniales, ont présenté des adresses à l'assemblée
nationale, selon les vues des colons Barnaviens. Cette
aveugle croyance fait pitié. Se peut-il qu'ils n'ayent pas
senti que les colons qui pourroient y être sensible, sont
non-seulement encore plus égoïstes qu'eux, mais encore
qu'il n'y a qu'une très-petite partie qui soit contre le
décret du 15 mai, sans savoir ni pourquoi, ni comment!
Or, de quelle importance peut être le vœu de gens qui
ne peuvent s'en rendre compte à eux-mêmes ? faute de
raisons, ils ont fait de vaines menaces : ils ont fait commencer les enfans, qui crient et font tapage dans l'obscu-
rité par la peur qu'ils ont des phantômes.

Qu'on cesse donc de répandre qu'une loi qui ne fera
naître que l'ordre, la paix, le bonheur, la prospérité, la
reconnoissance et assure à jamais les colonies à la France,
puisse produire l'effet contraire ; cette vérité vient d'être
prouvée aussi malheureusement qu'irrévocablement, et
que ces négocians que la cupidité égare, cessent aussi
de spéculer sur leurs fades jérémiades : les habitans des
colonies ne leur en iront ni plus ni moins. Le cours des
affaires est déjà déterminé comme celui des grands fleuves :
rien ne sauroit désormais le détourner qu'un bouleversement général. La justice des gens sensés des colonies,
jointe à la loyauté et à la reconnoissance des hommes de
couleur, qui reconnoîtront mieux que jamais, et avec
raison, la France pour leur mère-patrie, affermit à jamais
le pacte qui les lioit à l'empire, et assure les droits des
négocians dans le nouveau monde françois.

Ceux de Bordeaux en auront d'éternels monumens de
gloire dans les fastes de la révolution. Quel est l'homme,
s'il n'est tyran par goût et par tempéramment, qui n'élève
pas dans son cœur un autel de reconnoissance à l'assemblée nationale, pour ce bienfait rendu à l'humanité ? Et
vous amis des noirs, âmes vraimens humaines, qui n'avez

B 2

cessé de tonner contre la tyrannie des colons, ne méritez-
vous pas des couronnes civiques pour toutes les vérités
que vous avez publiées avec tant d'énergie et de constance ? Ah ! croyez, hommes vraiment dignes de ce titre,
croyez que par-tout où l'humanité sera connue, les noms
des BRISSOT, des GRÉGOIRE, des PÉTION, des CON-
DORCET, des CLAVIÈRE, des ROBESPIERRE, des FAU-
CHET, etc., seront révérés et chéris. En vain l'aristocratie
coloniale voudra-t-elle ternir l'éclat de votre gloire, toute
la France, ou plutôt tout l'univers vous vengera de leurs
infâmes calomnies par son assentiment, et l'hommage le
plus pur, puisque nulle considération particulière ne
l'aura arraché. La honte et le déshonneur de vos détrac-
teurs seront vos éternels triomphes, et le bonheur de tout
un peuple votre récompense. Eh pourroit-on en offrir une
plus flatteuse aux amis de l'humanité !

Et toi, Cercle Social, qui as commencé la confédération
universelle des Amis de la Vérité, ta récompense est
dans les numéros de la Bouche de Fer, ton organe incor-
ruptible et fidèle ; on les lira dans tous les siècles, comme
autant de monumens de vengeance contre la tyrannie,
comme autant d'hommages à la justice et à l'humanité,
comme un doux délassement contre les vexations des despotes, comme une consolation contre les vices humains ;
et si des hommes, que je ne veux point nommer ici,
après ceux dont je viens de tracer les noms glorieux,
ont pu consacrer leur tems, leur plume, leur intelligence
à la proscription de la liberté et de l'égalité ; on pourra
au moins se dire avec un soupir soulageant : quelques
hommes intègres, amis de la vérité, etc., se voueront dans
le même tems à leur défense.

Continuation sur les principes des colons, et comment ils
cherchent à les justifier.

Déclarer ouvertement que le préjugé colonial ne tenoit

qu'à la volonté capricieuse et qu'à l'amour-propre , qu'au goût de domination et de distinction des colons, ç'eût été demander soi-même qu'on l'abolît promptement. L'orgueil, embarrassé de raisons pour justifier son despo-tisme , a recouru aux mensonges et aux chimères. Ceux qui vouloient conserver le droit arbitraire et si chéri de maî-triser impunément les hommes de couleur , et d'autres pour flatter ceux-ci, ont imaginé de lier leur cause à celle des esclaves, afin d'embarrasser le jugement de l'assemblée nationale. C'étoit en effet le moyen le plus perfide qu'ils pussent présenter , puisqu'il pouvoit, à l'aide du parti colonial, qui dominoit dans le côté droit, paroître spé-cieux et égarer les esprits peu clairvoyant , intimider les ames craintives et opposer un air de vérité aux bons esprits du côté gauche. Cette invention _ que l'on doit aux Laborie, aux Moreau dit St. Méry, aux Blin , aux Gouy, etc. maniée par les Barnave , les Malhouet , appuyée par les Maury, les Lameth , les Cazalès, etc. , a tellement masqué la vérité, qu'il n'a plus été possible de la faire voir dans toute son étendue à l'assemblée. Voici comme on s'y prit d'abord.

Un savant naturaliste , M. Beauvois , qui se trouvoit au Cap au moment où il étoit le plus fortement question de poser à jamais une ligne de démarcation entre les hommes de couleur libres et les blancs ; M. Beauvois , qui s'étoit nourri l'esprit du système de Linnée , imagina de composer un ouvrage par lequel il s'attacha à démontrer que le nègre n'étoit qu'une nuance de la bête à l'homme ; voici comme il graduoit ses nuances : entre l'homme blanc et le nègre , se trouve le rouge ; entre le rouge et l'Orang-Outang se trouve le nègre , entre le nègre et le Gibon se trouve l'Orang-Outang , etc. : le blanc , ajoute-t-il , espèce pure d'homme , est susceptible de toute la perfectibilité humaine ; le rouge qui vient après , doué d'une portion bien moindre d'intelligence , n'est pour ainsi-dire qu'une esquisse de l'espèce humaine , qu'une de ces foibles nuan-

ces ; le noir qui vient après le rouge , est autant inférieur
an rouge , que celui-ci au blanc , et l'Orang-Outang au
noir , que celui-ci au rouge , etc. La conclusion de l'in-
génieux naturaliste , est que le nègre , pas même le
Caraïbe ou le Morisque ou l'Indien , n'est de l'espèce des
blancs , ni même d'une espèce parfaitement humaine.

Il est aisé de remarquer dans ce système , le double
dessein de justifier le préjugé colonial , et les traitemens
exercés contre les esclaves. Traiter tyranniquement des
hommes , seroit une barbarie répréhensive ; traiter dure-
ment des animaux qui n'ont que la figure d'humain , ce
n'est pas un plus grand mal que d'aiguillonner les bœufs,
que de fouetter les chevaux. Ainsi , pour justifier d'injustes cruautés , un préjugé insensé, on n'a pas hésité à
mettre l'homme au rang de la brute. Or , je le demande
aux hommes justes , est - ce sur une supposition aussi
gratuite que l'on jugera la cause des hommes de couleur ? Sera-ce un tel sarcasme qui sera la donnée sur laquelle on devra asseoir un système législatif ? Ne regarder
le nègre que comme une nuance de la brute à l'homme
éloignée du blanc , et lui refuser une intelligence et une
perfectibilité qu'il ne nous prouve que trop chaque jour à
travers les traits grossiers de son éducation , c'est renverser
l'ordre de la nature pour y substituer une chimère , dont
on veut faire ensuite une règle de conduite ; c'est éteindre le flambeau de la raison , pour marcher à tâton dans
les ombres de la nuit des préjugés ; en un mot, c'est
briser la boussole pour ne suivre que la girouette.

De ce système idéal , M. Beauvois a tiré une conséquence qui en étoit la suite nécessaire, et à laquelle il
vouloit venir ; la voici : si entre les blancs et les nègres ,
il y a encore une nuance avant d'être parfaitement homme,
les Métis des premiers et des derniers , ne sont qu'une
espèce mixte qui participe à la vérité des deux , mais par
cela même , sont d'autant abâtardis et incapables de se
jamais laver de ce mélange dégénérant. Cette conséquence

a paru à St. Domingue , une découverte d'autant plus heureuse , qu'elle étoit plus inextricable , et favorisoit davantage le système de distinction et de domination que l'aristocratie coloniale a ouvertement adopté.

La conclusion de M. Beauvois fut que les hommes de couleur devoient être regardés comme inhabiles à posséder , et qu'ils ne devoient pas mêmes jouir illimitément de la liberté ; qu'elle devoit être astreinte , et que tous les gens libres devoient être incorporés dans des troupes soldées en les affranchissant , ou dès l'âge de seize ans quand ils étoient nés de pères et mères affranchis.

Il étoit impossible que cette opinion n'excitât pas l'indignation des hommes de couleur ; ils la manifestèrent dès lors d'une manière inquiétante , et l'assemblée du nord se vit comme forcée d'improuver et de proscrire l'ouvrage de M. Beauvois , et elle le fit par un arrêté formel.

Le système de ce naturaliste étant trop exagéré , et dévoilant trop celui des colonies , on en imagina un autre non moins funeste , mais bien plus perfide en ce qu'on eut la finesse d'en faire un principe d'ordre et de richesses pour les colonies : ce fut d'avancer , de soutenir et de publier comme un axiome certain , que *l'esclave n'est obéissant que parce qu'il voit le blanc d'une espèce supérieure à la sienne*. Comme s'il est possible d'interdire à des êtres intelligens la connoissance de ces vérités premières , de ces traces ineffaçables de la main de la nature , dans le cœur de l'homme , ses plus chers intérêts. Comme s'il y a un être intelligent capable de croire le nègre assez borné pour avoir une telle croyance. Cependant voilà l'unique base sur laquelle s'appuyent aujourd'hui les colons pour rejetter le décret du 15 mai. Mais comment s'appuyer de cette hypotèse pour affirmer que le préjugé colonial est nécessaire au régime des colonies ? C'est ce que nous allons voir.

On n'ose plus dire que les hommes de couleur ne soient pas faits pour participer aux droits de l'homme : les amis

de l'humanité ont détruit cette grossière absurdité ; on a
vu que l'assemblée nationale ne vouloit pas, ou ne devoit
pas toucher à la propriété des colons sur les esclaves, on
s'est repris à cette corde étrangère à la cause des hommes
de couleur libres, parce qu'on a reconnu la nécessité de
nombreux atteliers pour cultiver les colonies et en tirer les
richesses immenses ; parce qu'on ne peut de long-tems
remplacer les bras de la servitude ; parce que les esclaves,
tout-à-coup affranchis, le cœur encore ulcérés contre leurs
maîtres, ne voudroient peut-être pas travailler pour eux,
même en les payant ; parce qu'enfin, on ne peut priver
le maître de son esclave sans lui en rembourser la valeur.
Ces vérités bien senties des colons, et bien reconnues des
hommes justes en France, les premiers ont espéré qu'en
assimilant la cause des esclaves avec celles des libres, ce
seroit le moyen de maintenir les derniers sous le joug du
préjugé qui les tient courbés sous le pouvoir des blancs,
parce que l'assemblée nationale égarée, confondroit les
deux castes, et rendroit, par le moyen des Barnaviens,
un décret sur lequel il ne seroit plus possible de revenir au
moins de quelques années.

Ainsi, sousprétexte d'une politique locale, on sacri-
fieroit toute une classe d'hommes aux vues de l'ambition et
de l'orgueil ; ainsi, pour arrêter la main bienfaisante des
législateurs, on leur a présenté la cause des hommes de
couleur libres, comme inséparable de celle des esclaves,
comme essentiel au maintien de la subordination parmi
ceux-ci, et l'on a eu soin de la lier au bonheur et à la
splendeur des colonies.

C'est ainsi que le despotisme cherche toujours à mettre
le bandeau sur les yeux des hommes, pour pouvoir
mieux les conduire où bon lui semble ; c'est ainsi
que l'aristocratie cherche toujours à sacrifier à son or-
gueilleuse noblesse, le tems, les services et la volonté
des hommes.

Mais il falloit une apparence plausible pour persuader
l'assemblée

l'assemblée nationale , et dévoyer les amis de l'humanité et de la justice ; on a encore imaginé de donner pour principe certain , que si l'esclave , qui n'est soumis que parce qu'il croit le blanc d'une espèce presque divine , voyoit les affranchis ou leurs descendans s'élever à l'égalité des blancs , il diroit : *Quoi ? les sang-mêlés , les nègres libres sont autant que les blancs , occupent des places , des emplois comme eux ? Les blancs ne sont donc pas si supérieurs à nous ? Nous sommes en bien plus grand nombre qu'eux , secouons donc le joug de l'esclavage.* Après cette supposition ridicule les colons infèrent qu'il seroit de la dernière inconséquence d'accorder la citoyenneté aux hommes de couleur libres.

Voilà l'unique but des colons qui se sont montrés contre le décret du 15 mai. Il en est d'autres qui , profitant de la fermentation des premiers , ont cru pouvoir fonder de plus grandes espérances : obérés au-delà de tout ce qu'ils possèdent , ils ont cru qu'en aidant aux esprits mûs par le préjugé , ils pourroient payer leurs dettes en passant sous la puissance angloise. Frappés de cet espoir , il n'est sortes de manœuvres qu'ils n'ayent fait jouer pour parvenir à leurs fins : faux bruits sur les hommes de couleur libres , fausses inculpations à la partie saine de l'assemblée nationale ; inculpations , calomnies atroces contre tous les amis de l'humanité ; rien ne leur a coûté. Ils ont été merveilleusement secondés par les ennemis de la constitution , par tous les ci-devant , et même par des puissances étrangères , et sur-tout par des journalistes salariés par le parti colonial. Les clameurs réunies de tant de mauvaises gens , ont fait l'effet qu'ils en attendoient ; c'est-à-dire , ont embrouillé la matière , ont intimidé les négocians de bonne foi et peu instruits , ont attiédi quelques amis de l'humanité , ont suspendu , ont égaré le jugement public et ont fourni au parti colonial , secondé de la lenteur ministérielle , tout le tems de dresser ses batteries et de faire tout le mal avant que l'on pût s'en défendre.

Ne cherchons pas ailleurs la cause de la prétendue révo-

C

ration du décret du 15 mai, par le corps même qui avoit décrété qu'on ne pouvoit plus toucher à la constitution ; révocation qui remettroit le germe de tous les maux dans le sein des colonies en y propageant une haine d'autant plus implacable , qu'on auroit en même-tems trompé les espérances des deux partis en rendant et en retirant le décret. Mais les désastres de St. Domingue ont prononcé, en prouvant le besoin indispensable des hommes de couleur contre les esclaves.

Ils en est donc encore tems ; l'assemblée nationale peut tarir la source de nos malheurs en fixant les loix des colonies. Elle fixera aussi par-là l'incertitude des esprits des deux mondes , et dissipera leurs inquiétudes respectives. Jusqu'à ce moment on n'a vu dans les colonies que vasciller d'une opinion à une autre, heurter tous les principes sans s'arrêter à aucun , recourir à des hypothèses , à des systêmes assez spécieux, tant pour justifier ou voiler ses vrais motifs aux yeux des autres , que pour s'en imposer à soi-même. De-là cette étonnante versatilité de volonté dans les colonies ; tantôt une assemblée, tantôt une autre ; et tels que les enfans, on a vu les colons briser le jour suivant tout ce qui les avoit enthousiasmés la veille. Il faut être à St. Domingue pour ne pas sentir le ridicule et le danger de varier ainsi dans les choses les plus graves et les plus importantes. N'est-ce pas , par exemple , un vrai scandale et un bien grand malheur, que le désir avec lequel on forma l'assemblée de St Marc , et la fureur avec laquelle on la poursuivit ? Et c'est des assemblées coloniales dont l'intrigue , la cabale, et la malveillance se jouent ainsi ? Remarquez en passant, que l'assemblée séante à Léogane avoit déclaré à sa première séance *qu'elle prenoit les créances des négocians de France sous la protection de la foi publique de la colonie; que la colonie faisoit partie intégrante de la France , qu'elle suivroit tous les décrets de l'assemblée nationale.* Ne seroit-ce pas cette déclaration qui l'aura fait rappeller au Cap ? Payer ses dettes et rester à la France !.... Que de projets renversés !

Tout cela est aussi en partie l'ouvrage de l'égoïsme, enfant du despotisme : chacun prétend aux premières places, imprimer aux autres son unique volonté, les faire penser comme soi et n'agir que pour soi. Il suffit à St. Domingue d'avoir individuellement le suffrage de ses concitoyens, pour en être haï, jalousé, persécuté collectivement. Cette affreuse anarchie est la source de tout gouvernement arbitraire, et la mère de tous les désastres.

Tout semble s'être conjuré pour égarer les colons de bonne foi, dans le dédale de leurs puérils et monstrueux préjugés ; ils ont perdu de vue tous leurs intérêts les plus réels, avec les principes de la raison et de l'humanité, pour courir après tout ce qui pouvoit plus sûrement les perdé. C'est le papillon qui quitte le revers de la feuille où il étoit en sûreté, pour venir se brûler à la chandelle. *Les gens de couleur, se sont dit les colons, veulent s'égaler à nous ! Nos affranchis, leurs descendans, ceux qui étoient hier nos esclaves, viendroient demain se mettre à nos côtés, à notre table, partager nos emplois, demander nos filles en mariage !.... Non ! nous nous enterrerons plutôt sous les ruines de la colonie !....*

Ce raisonnement posé, embrassé avec une avide fureur, il n'a plus été possible de faire entendre la voix de la justice et de la raison, pas même celle de l'intérêt personnel, ce puissant et premier mobile des colons. *Ils ont fait couler un fleuve d'or* où sont venus s'abreuver des membres perfides de l'assemblée constituante, et les plus sages des décrets, ceux des 8 et 28 mars et 15 mai sur-tout, si combattu, n'ont point été envoyés officiellement ; ce fleuve corrupteur a barré le passage à tout ce qui pouvoit blesser la vanité des colons, mais eût assuré leurs fortunes et leurs propres jours. Après un long silence sur l'envoi de ce dernier décret, on suppose des troubles que l'on dit en découler ; la coalition démasquée augmenta son parti, le fleuve enchanteur, ce nouveau pactole, se divisa, se se subdivisa, se ramifia dans toutes les places les plus

C 9

importantes ; on séduit le public par des écrits menson-
gers , par de perfides agens , par des nouvelles controu-
vées ; l'amour de l'humanité s'affoiblit, les cœurs se dessè-
chent , et après que les blancs eurent désarmés les hommes
de couleur libres dans la partie du nord , le parti colonial,
ne craignant plus rien , redoubla ouvertement ses efforts,
l'emporta sur les patriotes , et ces décrets furent révoqués
par un corps qui n'en avoit pas le droit , et qui violoit
la loi expressément pour signer la ruine et la désolation
de la plus riche colonie. Les colons avoient sacrifié des
années de leurs revenus pour obtenir ce triomphe, qui
devoit leur coûter encore une partie de leur capital : les
esclaves les ont pris au dépourvu , et la partie du nord ,
foyer de ce principe infernal , a été une vaste province de
ruines , jonchée de morts , baignée de sang.

Voilà ce que j'avois prévu , voilà ce qu'il étoit aisé de
prévoir et de prévenir ; pour l'avoir dit , la haine du parti
colonial m'en a fait un crime énorme , et a cherché à me
porter les plus funestes coups par l'infâme calomnie.

Toujours attentif à poursuivre son objet, ce parti odieux
a cherché jusque dans le soulèvement même des esclaves
auquel lui seul avoit donné lieu , à inculper les hommes
de couleur libres : au moment de l'insurrection , on s'écria
qu'il n'y avoit qu'eux qui eussent pu la fomenter par vengeance contre les blancs. Ce soupçon devient un bruit
général , l'on se jette dans les rues sur les premiers qui
se présentent , et ils sont indignement massacrés. La peur
s'empare d'un homme estimable ; il veut échapper à ses
assassins , il monte sur le toît de sa maison , on l'en fait
descendre d'un coup de fusil !....

Cependant, le lendemain , les autres ne perdent point
courage ; au risque d'éprouver le même sort , ils vont à
l'assemblée coloniale offrir les plus chers ôtages pour
ravoir leurs armes et défendre leur ingrate patrie. Ils
volent ensuite au camp des rebelles , et ils les arrêtent
aux portes de la ville. C'est ainsi que ces Métis de brutes

se sont vengés de ces êtres si parfaits ! Les blancs qui eussent rougi de les voir à leurs côtés à table , les ont vus
toujours devant eux dans le chemin de la victoire , *fai-*
sant dans un jour ce que notre divine espèce ne pouvoit faire
dans huit , soutenant constamment les fatigues de la guerre ,
tandis que la race pure des blancs *succomboit !* . . . . ô
justice !

Dans l'enthousiasme , dans le délire de la joie de se
voir préservés si généreusement par des hommes qu'on
s'étoit plû à ravaller au-dessous de l'esclave même , on leur
a promis bien au-delà du décret du 15 mai : puisse cette
promesse être bien sincère !...

Mais , pourroit-on me demander , quelle est donc la
cause pour laquelle les colons s'obstinent à vouloir conserver un préjugé si contraire à leurs vrais intérêts ? Je
réponds à cela , que sans le préjugé qui donne tant d'empire aux blancs sur les hommes de couleur , les premiers
ne pourroient plus prendre impunément les filles de ceux-
ci , leur enlever leurs femmes , leurs biens par d'infidèles et
arbitraires arpentages; les gens libres pourroient occuper
des places, etc. En outre on voit par les efforts des nobles et
des prêtres , combien l'aristocratie est chère aux hommes
qui se sont une fois habitués à dominer sur les autres : ils ris-
quent tout pour recouvrer ce droit barbare. Tels sont aussi
en partie les motifs des colons dans leurs efforts pour
maintenir le préjugé colonial si préjudiciable à leur bonheur et à leur sûreté.

Il ne faut pas que je termine ces notes, sans y ajouter une remarque très importante , et qui pourra peut-être
servir à découvrir le bout du fil de la trame ourdie contre
les gens de couleur libres , et peut-être contre la constitution en général , de l'un à l'autre monde.

Tandis que les colons répandoient que les sang-mêlés
n'accepteroient point le décret du 15 mai , parce que ,
ajoutoient-ils , il n'avantageoit que les nègres libres ,
M. Blanchelande marquoit en France qu'il n'y auroit tout

au plus que quatre cent hommes de couleur au Port-au-
Prince , au moment où il étoit sûr que ce décret étoit
rendu , qu'il employeroit toutes les forces qui lui étoient
confiées, pour faire observer les décrets *sanctionnés* , *nec*
plus ultra. On n'a pas oublié qu'il avoit marqué au ministre , qu'il verseroit jusqu'à la dernière goutte de son sang ,
plutôt que de souffrir que les *hommes* confiés à ses soins ,
tournassent leurs armes les uns contre les autres.

1°. Comment se figurer un moyen de verser son
sang, car c'est au collectif dont parle ce général, sans tourner
ses armes contre quelqu'un ?

2°. Il est visible que M. Blanchelande entendoit parler
des troupes de ligne et des colons aristocrates, en parlant en son propre nom , et qu'en disant qu'il ne souffriroit pas que les hommes confiés à ses soins tournassent
leurs armes les uns contre les autres , il entendoit que les
bons patriotes et les sang-mêlés n'étoient pas ces hommes
confiés à ses soins.

3°. Il est clair encore qu'en écrivant de la sorte au Port-
au-Prince , il étoit en même-tems bien informé que le
décret n'auroit jamais été ni sanctionné ni envoyé officiellement, et qu'il auroit été révoqué, si le roi avoit accepté la constitution qui sanctionnoit tous les décrets
antérieurs.

4°. Pourquoi , au lieu d'envoyer de suite des avisos en
France, ne s'est-on adressé qu'à la Jamaïque ? Comment
s'y est-on pris ? Quels secours lui a-t-on demandés ?
Quels sont ceux qui ont été accordés ? Pourquoi de suite
une frégate angloise dans notre rade ? Pourquoi des aller,
des venir à la Jamaïque , par des députés qui ne portent
rien par écrit de la part de l'assemblée du Cap , ou qui
ne portent que des discours vagues ? Pourquoi cette lettre
de l'assemblée coloniale au ministre d'Angleterre , portant que *l'anglois avoit recueilli les débris de la colonie* ?

5°. Le refus des Espagnols et leur réponse mérite une
grande attention de la part des François.

6°. Les calomnies des colons contre tous les bons patriotes de France, la cocarde noire portée par presque toute l'assemblée coloniale ; ajoutez à cela la déclaration de l'assemblée de Léogane, de se regarder comme partie intégrante de la France, de prendre les dettes de la colonie sous sa responsabilité ; puis la subite translation d'une assemblée qui manifeste de tels principes en ce lieu et change au Cap aussi extraordinairement.

Si l'on ne cherchoit qu'à rendre justice aux hommes de couleur libres ; si l'on ne cherchoit qu'à se mettre en force contre les esclaves, sans chercher à adoucir leur sort, non seulement cet oubli seroit inhumain, mais encore il seroit très-impolitique. ce ne seroit que pallier le mal pour un tems ; ce seroit se tenir en un état perpétuel de guerre, tenir en haleine un ennemi toujours redoutable, et qui ne peut manquer de saisir la moindre occasion de s'agiter. L'assemblée nationale ne dédaignera pas d'étendre ses tendres sollicitudes, ses vues de bienfaisance et de justice jusque sur cette classe si misérable, à laquelle cependant on est redevable de richesses immenses du nouveau monde, et que le seul désespoir égare le plus souvent. On apprendra dans peu, malgré tous les soins des colons du Cap, qu'il y a eu beaucoup d'habitations, telles que celles de Walsh, Deparoy, Duplaa, Lachevalerie, etc., où les nègres, toujours bien traités, bien nourris et bien habillés, se sont défendus à toute outrance contre les rebelles qui vouloient incendier ces biens, et sont parvenus à les préserver de l'incendie après avoir éteint le feu à plusieurs reprises.

Les colons n'ont assurément pas plus de droits sur les hommes de couleur libres, qu'ils n'en ont eux-mêmes les uns sur les autres ; on ne peut aussi leur disputer celui de propriété sur leurs esclaves ; c'est leur bien, c'est le nerf des fortunes et du commerce du nouveau monde, et les colons ne peuvent en être privés impunément. Mais il n'en est pas moins vrai que l'assemblée législative de

France, devant donner des loix à tout ce qui tient à l'empire François, elle doit également régler celles par lesquelles les esclaves, qui sont des hommes, doivent être traités. En augmentant nos forces contre le nombre considérable de nos nègres par l'état civil accordé, ou rendu, aux hommes de couleur libres, et en améliorant le sort des premiers, nous doublerions ces forces encore en diminuant le besoin d'en faire usage. L'assemblée nationale devant s'occuper de cet objet, je joins ici un projet relatif, dans lequel peut être on trouvera des choses importantes à l'ordre, au calme et à la prospérité des colonies.

Voilà ce que j'ai remarqué sur les colonies ; je réponds de tous les faits que j'avance ici. On m'a fait au Cap un grand crime d'avoir manifesté mon opinion sur le régime colonial, d'avoir participé au décret du 15 mai : que diront donc les colons démasqués, si ces notes sont publiées ? Mais la partie saine du public me jugera. Quand on est sûr de travailler sincèrement pour le bien de sa patrie, on porte sa consolation dans son cœur si l'on en est mal jugé. Au reste, ma patrie ne sauroit être mon juge ; c'est aux vrais François à prononcer entre les colons qui me blâment et moi.

ESSAI

E S S A I

L'AMÉLIORATION DU SORT

DES ESCLAVES.

On a diversement écrit sur le sort des esclaves de l'Amérique, parce qu'on n'a écrit que sur parole, ou sur des
des mémoires faux. On convient assez généralement que
leur sort est très-à plaindre, et c'est le seul point auquel
tous les écrivains se rencontrent, parce que la vérité se
touche toujours ; mais aucun n'a encore proposé des
moyens efficaces pour améliorer l'état des misérables qui
arrachent de la terre de l'Amérique ces richesses immenses dont se targuent tant leurs maîtres, qui font pencher
la balance de l'Europe du côté de la France.

Les moyens que propose l'abbé Raynal sont insuffisans
ou impraticables ; Montesquieu n'indique que l'abolition
de l'esclavage par une réticence absolue sur le sort des
nègres ; le moyen est non-seulement dangereux à l'ordre et à la prospérité des colonies, mais encore contre
toute équité, contre le droit de propriété dont on ne
pourroit impunément dépouiller le maître de l'esclave. Il
n'est cependant aucun mal qui n'ait son remède ; il ne faut
que le trouver. Celui-ci intéresse à la fois l'humanité et
la prospérité d'un des premiers empires du monde ; tout
bon françois doit à sa patrie le tribut de tout ce qu'il peut
savoir de propre à y remédier.

D

Ceux qui habitués à ne regarder leurs esclaves que
comme une espèce brute, inférieure à la leur ; que comme
une race d'hommes créée tout exprès pour leurs besoins
et la satisfaction de leurs caprices ; que comme des
êtres privés de toute intelligence, de toute sensibilité ;
que comme des bêtes de somme ; enfin que comme des
misérables cannibales qu'on a tirés du sol le plus disgracié
de la nature, de la vie la plus dure et la plus précaire,
pour les transplanter dans une terre de promission où ils
sont mille fois plus heureux que dans leur climat naturel,
qu'au milieu de leurs familles ; ceux-là, dis-je, qui affir-
ment que les noirs, au milieu des traitemens arbitraires
de leurs maîtres, sont moins à plaindre que les paysans-
françois, trouvent extraordinairement étrange qu'on puisse
s'occuper de leur sort, et le trouver mauvais. L'ami de la
vérité, et de l'humanité qui n'est jamais l'esclave de l'habitude, voit et raisonne tout différemment : il ne dit que
ce qu'il a vu, que comme il a vu.

Consultez le marin qui va à la côte chercher des nègres,
il vous dira qu'ils sont en peine de pourvoir à leur nourriture, qu'ils se déchirent tellement entr'eux, qu'il est étonné
que l'espèce subsiste encore. Ce langage est celui de ceux
qui veulent justifier la traite et tous les maux qui en sont
la suite. Le nombre prodigieux de nègres amenés depuis
deux siècles et demi dans les colonies, répond à ces con-
tes puérils. De même, si le nègre étoit si malheureux dans
sa patrie, s'il y étoit soumis à l'esclavage, s'il avoit tant
de peine à pourvoir à sa nourriture, pourquoi est-il si
bien proportionné, si fort, si robuste, doué d'une santé
si vigoureuse en arrivant dans les colonies ? D'où vient
qu'au bout d'un an qu'il y est, il tombe dans un état de
foiblesse, de maigreur, de langueur qui le rend mécon-
noissable, et dont il ne se relève jamais parfaitement,
quand il n'en meurt pas ? D'où vient soupire-t-il tant après
la liberté, cause des fréquens maronages ? Quel est le
colon de bonne foi qui ne convienne que pour avoir cent

nègres, il en faut enterrer *au moins* quatre cent ? de même, si le nègre étoit si malheureux dans son pays, s'il étoit sans sentiment, pourquoi voit-on le désespoir les porter si souvent au suicide, une des premières causes pour lesquelles on les tient si fort à la gêne dans les navires ? Pourquoi ceux qui sont nés dans les colonies ne se portent-ils pas aussi au suicide ? En attendant que quelqu'un réponde à ces questions, tâchons de rechercher les maux des esclaves, et les moyens d'y remédier.

Pour bien faire ces recherches, tâchons de nous isoler entièrement de l'intérêt pour ou contre l'esclavage. Il seroit impossible de juger avec l'impartialité du vrai philosophe, si l'on prenoit pour règle ces deux mots mis en opposition : *liberté et esclavage.* Il ne faut cependant pas aussi perdre de vue l'idée que d'un côté les esclaves y mettent, et que de l'autre leur maîtres y attachent. Ces deux états, pris à la rigueur, impliquent un si grand contraste à l'esprit, qu'il semble qu'on ne puisse en aucune manière les rapprocher, encore moins les concilier; mais ils existent dans un même lieu, il n'est peut-être pas facile de les séparer, il est du bien de la nation entière de chercher à assurer la propriété de l'un pour le bien de l'empire, et adoucir le sort de celui qui doit souffrir de la seule vue de l'autre ; de celui qui éprouve encore de l'autre des traitemens propres à le lui rendre plus insupportable. C'est aux sages législateurs à mitiger d'un côté le pouvoir du maître sur l'esclave, et à procurer à celui-ci quelques objets de consolation, et même d'espérance. La funeste boëte de Pandore se seroit-elle toute vidée pour une classe d'hommes qui a plus besoin d'espoir pour la soutenir dans ses maux et dans ses fatigues perpétuelles ?....

Il y a bien peu de colons qui ne pensent pas que leur honneur et leur gloire dépendent de l'état actuel des esclaves, et qu'ils sont plus intéressés à l'agraver qu'à l'adoucir. Leur proposer une réforme indispensable dans ce régime, c'est comme si on leur proposoit de se dé-

sister de leur droit de propriété. Cependant cette réforme
devient plus nécessaire que jamais.

L'esclave , dites-vous , a tous les vices , sans une seule
vertu. Je conviens que ne pouvant supporter la vue de
celui qui le prive de tout, jusqu'à sa volonté morale
même , s'abandonne à tous les écarts. Eh ! n'est-ce pas vous
qui les lui inspirez ? Quelle récompense attend-il de vous?
Hélas ! c'est d'être abandonné dans un mauvais *ajoupa* ,
au fond de votre jardin , loin de vos yeux , lorsqu'il peut
à peine se traîner pour se procurer un peu d'eau et de
bois pour faire cuire ce que ses pauvres camarades veulent bien ou peuvent lui donner , quand à la nuit close
il va quêter sa subsistance dans leurs cases.... Car il ne lui
est pas même permis de quitter son exil.... Ah ! quel
tableau , si je voulois ici le tracer !.... Vous en frémissez
vous-mêmes.... Car vous ne pouvez tout-à-fait arracher
l'humanité de vos cœurs , quand l'habitude les auroit entièrement blasés.

On ne peut se dissimuler que l'esclave , privé des lumières de l'éducation , doit être contenu par des loix particulières de police ; mais elles doivent être pesées par la
sagesse , et rédigées par la justice et l'humanité , d'accord
avec les intérêts du maître. La loi qui n'est que repressive
et qui ne protége pas le sujet , n'est pas une loi ; mais est
une oppression absolue et sanctionnée. L'esclave est la
propriété du maître , nulle loi ne peut le priver d'en jouir
tant qu'il ne s'en est pas désisté ; mais cette propriété ne
peut pas non plus détruire la protection de sûreté et de
jouisance que la loi doit à tout homme.

Louis XVI avoit rendu un édit en décembre 1784 ,
qui tendoit au but que je propose ; mais cette loi ,
fruit d'un faux apperçu , sembloit avoir moins eu en vue
d'adoucir le joug de l'esclavage , que de détruire le blanc
par le noir , et le noir par le blanc , en les aigrissant l'un
contre l'autre par mille occasions qu'on leur présentoit.

Si le sort des esclaves est si à plaindre au physique ,

il l'est bien plus au moral. C'est dans son cœur, c'est dans
sa propre opinion que sont ses plus grands tourmens. C'est
donc là qu'il faut chercher le plus l'adoucissement de son
sort, le moyen en est simple et aisé : c'est de l'attacher
à lui-même, *c'est de lui accorder une sorte de propriété réelle.*
Par-là seul on lui donnera une existence réelle, on l'y
attachera, et on l'attachera aux intérêts de son maître.
Déjà on accorde à chacun une certaine portion de terre
en jouissance pour vivre ; s'il peut du produit se nourrir,
se vêtir, pourquoi ne peut-il pas avoir authentiquement
la propriété de ce fruit de son travail, et la faculté de le
fixer sur d'autres objets dont il pourroit encore disposer
librement ? L'esclave ne peut rien posséder qui n'appar-
tienne à son maître : en vain épargneroit-il, en vain seroit-il laborieux et indûstrieux, il ne peut rien transmettre à ses enfans. De-là cette insouciance, cette prétendue imprévoyance que l'on reproche au nègre, et qui
sont au contraire précisément la preuve de sa prudence.
Puisque, se dit-il, je n'ai rien à moi, puisqu'après avoir
travaillé au jardin de mon maître à ses heures et pour son
compte, ce que je puis gagner aux miennes par mes
sueurs lui appartiendroit encore, pourquoi me fatigue-
rois je, sans pouvoir goûter la consolation de laisser à
mes parens le fruit de mes travaux ?

Après ce raisonnement naturel, l'esclave ne travaille
qu'autant qu'il lui en faut pour ne pas aller nud et mourir
de faim. Plus de la moitié ne daigne seulement pas travailler pour se nourrir ni se vêtir. De là le vol commun
aux esclaves de tous les tems et de toutes les couleurs. Si
mon maître n'est pas content, disent-ils, que nous lui
vollions de quoi manger, il a besoin de nous, qu'il nous
nourrisse comme ses chevaux et ses bœufs.

La loi qui défend la propriété à l'esclave, est non-
seulement plus injuste et plus cruelle que l'esclavage
même, mais encore elle implique une telle contradiction
avec elle-même, qu'il est inconcevable qu'elle ait pu avoir

lieu chez des peuples policés. Car , si un homme a pu se
vendre, ne peut-il pas encore mieux , ne doit-il pas dis-je
disposer du prix de sa liberté , et par la même raison
la conserver ? Si le prix de sa liberté ne peut lui
rester , n'est-il pas évident qu'il n'a pu l'aliéner? Un
des axiomes invariables de droit et de raison , est *qu'on ne
peut donner et retenir :* ici , *on donne pour avoir le don et le
donnataire.* Ce n'est donc point un contrat valide, ce n'est
qu'un acte de surprise, de force et de violence, et *l'esclave n'est qu'un prisonnier éternel.* S'il s'est vendu lui-même,
il doit jouir du prix de sa liberté , jamais propriété ne fut
mieux acquise et plus sacrée , s'il a pu se vendre : autrement son maître n'auroit fait que lui présenter un hame-
çon , sûr qu'il étoit de ravoir et l'appas et le prisonnier:
c'est une perfidie. Si l'esclave a été vendu par un voleur...,
Ce n'est qu'un prisonnier, et les prisonniers se rançonnent.
Pourquoi donc l'esclave ne pourroit-il pas jouir du même
bénéfice ? On lui a ôté le droit de propriété expressément
pour le priver de l'exercice de ce bénéfice....., C'est le
comble , c'est le dernier rafinement de l'inhumanité.

En accordant à l'esclave la propriété *absolue* de son
pécule , ce ne seroit qu'ébaucher son sort ; il faudroit pour
l'améliorer réellement et entièrement , qu'il pût sortir de
la servitude quand il auroit épargné de quoi rembourser
sa valeur à son maître , et cette valeur peut être fixée ,
avec des précautions contre les fraudes de la tyrannie et
de l'avarice , sur les rôles des récensemens annuels , selon
les talens et la bonne ou la mauvaise constitution de
l'individu.

Il est fort aisé de prouver que le maître gagneroit de
toutes les manières à cette loi de justice. Si l'esclave pouvoit espérer de rompre sa chaîne par son travail , par son
industrie , par sa conduite, combien ne se soigneroit-il pas
lui-même , combien ne s'empresseroit-il pas lui-même à
remplir sa tâche pour ne l'avoir plus un jour ! le maître
auroit aussi des ouvriers plus adroits pour ses travaux ,

ses manufactures ; l'esclave seroit intéressé à s'instruire de quelque métier pour s'aider dans son projet de gagner de quoi s'affranchir. Que risque son maître d'ailleurs ? Un esclave ne commence à être en âge de gagner de l'argent pour son compte, que vers trente ou quarante ans ; il ne faut en excepter que fort peu ; et alors il s'est déjà payé par son travail. Il lui faut, en bien travaillant, s'il a un métier, plus de quinze ans pour gagner sa valeur, vivre et se vêtir ; et s'il n'a aucun talent, il lui faut plus de vingt ans, s'il est bien sobre et bien économe. Il auroit donc de 60 à 70 ans lorsqu'il demanderoit à sortir de la servitude : or, n'est-il pas alors arrivé à l'âge où il va bientôt être hors d'état de rendre service à son maître ? Pendant le tems qu'il se seroit occupé à amasser de quoi se racheter de l'esclavage, il auroit prêché d'exemple aux jeunes esclaves par une bonne conduite, l'exactitude à son devoir, et n'auroit pensé qu'à l'heureux moment où il auroit enfin brisé ses fers. Son maître aura donc été celui qui auroit réellement gagnée à cela, puisqu'après les bons services du sujet, il n'auroit été remboursé de sa valeur, au moment où il devoit perdre l'un et l'autre. Par une espérance, presque fictive de son esclave, il auroit doublement gagné sur son travail et sa fidélité : l'esclave auroit été heureux long-tems d'une perspective éloignée et souvent imaginaire.

On pense bien que dans le cas où il parviendroit à la réaliser, il devroit être exempté de cette *taxe excessive* qu'il faut donner pour affranchir un bon sujet que l'on veut récompenser par le don de la liberté.

Au surplus, on pourroit encore établir que le maître deviendroit, comme par aubaine, l'héritier de son esclave, si celui-ci meurt sans enfans ou parens légitimes.

La propriété absolue du pécule de l'esclave produiroit encore ce bien, de diminuer les désertions en fixant une sorte d'amende sur son avoir au profit du maître, dans le cas de maronage, ainsi que dans le cas de délit, proportionné à la gravité du crime. Personne , je pense ne contestera que ce sont-là de puissans ressorts pour contenir l'esclave et épurer ses mœurs. Mais les colons n'imitent-ils pas un peu les Espagnols qui firent passer les Caraïbes pour des brutes afin de justifier leurs cruautés ? En épurant les mœurs des esclaves , ne craint-on pas un peu de faire contraster trop leur sort avec leur manière d'être et d'agir ?.... et le goût des maîtres pour ces Africaines , si viles à leurs yeux , ne seroit-il pas trop contrarié par une loi qui rameneroit la chasteté dans leur ame ?

Si l'esclave avoit la consolante perspective de pouvoir un jour se racheter par ses épargnes , la servitude ne seroit pas plus dure à supporter pour lui , que le service pour le soldat , qui se console de son engagement par la certitude où il est d'en voir arriver la fin. Ajoutez à cela un peu plus de douceur dans les châtimens auxquels il seroit soumis , on ne perdroit pas tant de nègres chaque année les négrillons ne périroient plus tant au berceau , bien moins encore au sein de leurs mères. Une expérience aussi constante que peu sentie des colons , prouve que les nègres et sang-mêlés libres , vivent bien plus long-tems que les esclaves et multiplient infiniment davantage , en exceptant quelques domestiques de maisons . et ceux qui ont le bonheur d'appartenir à des maîtres d'une douce administration. L'homme satisfait de son sort est toujours mieux portant , et plus porté au bien qu'au mal. C'est tout le contraire de celui que l'ennui tourmente , que le dégoût accable , et c'est bien pire de celui qui a le désespoir dans l'ame !

Ce qui afflige le plus les ames sensibles , c'est de ne pouvoir douter qu'en améliorant le sort des esclaves , les colons en seroient plus riches , plus tranquilles et plus heureux. Traitez humainement votre esclave , ayez-en soin , récompensez-le quand il remplit ses devoirs avec zèle , il sera mieux portant . moins méchant , vivra plus long-tems , et vous rendra conséquemment plus de service.

Combien de colons , pour ménager une centaine de
livres par an, en nourriture, pendant la maladie d'un
esclave , perdent trois mille livres et plus par sa mort !
combien de journées de travail perdues pour vouloir en
gagner une ou deux de plus ?

Epurant les mœurs des esclaves , les maîtres gagneroient encore : l'esclave ne penseroit qu'à travailler, qu'à
thésauriser au lieu d'enterrer son argent , ou de le manger
en débauche , ou de s'en souler pour s'étourdir sur son
éternel malheur. Avec le droit de propriété sur son
pécule , s'il avoit celui de transmettre à ses enfans et à
ses parens légitimes , on verroit naître le mariage dans les
habitations , on en verroit disparoître ce libertinage affreux
qui achève de dégrader l'esclave , et en fait périr tant de
milliers.

Il y a des colons qui pensent , ou feignent de penser
que le mariage n'est pas nécessaire aux esclaves, qu'il
peut même leur être nuisible : ou ils ne sont pas sincères,
ou ils n'y ont pas réfléchis. Le nègre à une singulière
vénération pour cet état; il regarde ses enfans légitimes
comme étant bien plus particulièrement à lui ; et ceux-ci
les aiment et les respectent bien davantage. Si l'on voit
moins de mariages parmi les esclaves , il n'en faut chercher la cause que dans l'extrême crainte de faire trop
d'enfans misérables : c'est aussi par cette raison , et un
peu par le pouvoir qu'à son maître sur ses negresses que
les esclaves aiment mieux aller se chercher une femme hors
de son habitation : du moins , se dit-il , si mon maître la
séduit, je n'en saurai rien; si mes enfans sont maltraités
je n'aurai pas la douleur d'en être le témoin.

Cette crainte feroit place au desir, s'il avoit une sorte
de propriété , s'il pouvoit en disposer en faveur de ses
enfans légitimes , et s'il étoit traité avec plus de douceur,
parce que , s'il n'a pu les tirer de l'esclavage , il mourroit
avec l'espoir consolant de leur laisser de quoi en sortir
plutôt. Il est de fait que depuis que le mariage banni parmi

E

les esclaves à force de les ridiculiser, ou d'abuser de leurs femmes, depuis que la paternité n'est plus qu'une chimère douloureuse à leurs yeux : on ne les voit plus s'attacher à rien de suivi, et on les voit se livrer à tous les désordres.

Le droit de propriété, d'hérédité, et de retrait sur la liberté seroit donc maître des mœurs pures parmi les esclaves ; pour assurer leur héritage à leurs descendans, ils recourroient au mariage, ce lien de la société qui, en unissant les hommes par des égards sacrés à leurs yeux, adoucit leur caractère, épure leurs sentimens. Les esclaves n'étant contenus par aucune de ces chaines morales et volontaires ne tiennent à rien, désertent sans sujet, ou pour peu de chose, ne craignent pas même les plus rudes châtimens, regardent la mort comme le terme à leurs maux, et ne cherchent qu'à éviter la vue de leurs maîtres. Qui les retiendroit ? leurs femmes, elles peuvent être celles du premier venu, ou tout au moins celles de leurs maîtres si le caprice lui en prend, comme cela n'est que trop ordinaire ; leurs enfans ? ne sont-ils pas condamnés aux mêmes maux, ne sont-ce pas même des souffrances de plus pour eux ? Peuvent-ils les regarder comme étant véritablement les leurs ? Leur avoir ? en quoi consiste-t-il ? la reconnoissance ? de quel bienfait ?

Toute la consolation de l'esclave est dans sa chanson, dans sa danse, et on lui défend de danser plus d'une fois par an. Il voit les blancs et les gens de couleur libres s'assembler, s'amuser, goûter le plaisir de la danse dont il est passionné, et il lui est défendu de se rapprocher quelquefois de ses semblables, de s'étourdir un instant sur son sort par le bruit enchanteur de son tambour. Désespéré de se voir tout ôter, jusqu'à ses plaisirs les plus innocens mêmes, il se soule en secret, s'épuise en veilles et en débauches, va dans les bois danser la nuit, gagne des maladies, périt ou devient caduc avant l'âge. il me semble entendre son maître répondre à ces vérités notoires : « Je suis dans un pays où l'on ne vient que pour faire, fortune , où la durée de la vie est incertaine et précaire ; il faut que je tire de mes nègres le plus grand et le plus prompt parti : ils vivront peu ; peu m'importe, j'en aurai tiré la quintescence. Ceux qui me succèderont s'en procureront d'autres s'ils veulent ».

J'ai entendu nombre de colons dire que pourvu qu'ils conservassent le quart des nègres qu'ils avoient achetés au bout de dix ans, c'étoit tout ce qu'ils demandoient.

Si l'esclave avoit quelquefois la consolation de s'amuser, il s'attacheroit davantage à travailler pour lui-même, indépendamment de la perspective de la liberté , afin de pouvoir s'habiller proprement pour aller danser. On en a la preuve : à l'approche du premier de l'an , époque si chère et si mémorable pour les esclaves , parce que c'est le seul jour qu'ils sont assurés de danser sans empêchement ; ils font tous leurs efforts pour se donner un rechange propre. Ils se priveroient de nourriture pour paroître bien habillés ce jour-là : rien n'est plus honteux à leurs yeux que de ne l'être pas ce grand jour de fête. S'il y en a dans l'attelier qui ne soient pas bien mis , les autres leur prêtent de quoi figurer au *calenda*. C'est alors qu'ils goûtent ce doux plaisir de répéter une chanson nouvelle. Le lendemain , ils la répètent encore , ils racontent avec une nouvelle joie la manière dont un tel a battu le *baboula*, dont un autre a dansé , a chanté ; comment tels et tels étoient habillés , etc. c'est le sujet d'un mois des entretiens les plus intéressans ; c'est ce qui bannit pendant tout ce tems tout souvenir désagréable de leur esprit; heureux s'ils n'en avoient jamais de leur état! Pendant ce mois de délices pour eux , ils sont plus gais , plus courageux à l'ouvrage. Leurs instrumens aratoires se lèvent et retombent tous en même-tems en cadence , et l'ouvrage en avance d'autant. Ce sont autant de moyens qui s'offrent d'eux-mêmes aux colons pour adoucir le sort des esclaves et qui servent leurs propres intérêts.

Mais ils craignent que dans les assemblées des esclaves ,

E 2

ils ne concertent la perte de leurs maîtres ; « les tyrans sont
toujours tremblans ». Eh ! ne sentent-ils donc pas qu'en les
traitant plus humainemeut, ils n'auroient plus en eux d'aussi
dangereux ennemis ? Ne sentent-ils donc pas que , traités
comme ils le sont actuellement , les esclaves peuvent trop
aisément fomenter leur perte sans des assemblées publiques , où il n'est jamais prudent de s'ouvrir d'un secret
important ? Est-ce au sein des plaisirs où l'on pense aux
crimes ? non... C'est sous le poids de l'injustice. Eh !
soyons justes et humains envers nos esclaves , et envers
nos affranchis , tous nos sujets de crainte seront anéantis ,
et nous ne serons plus environnés que de cœurs reconnois-
sans , que d'amis. Quel échange, cependant !

Parcourons l'histoire de toute la terre , nous verrons
que chez tous les peuples , policés ou barbares , pour
étourdir les hommes de la classe malheureuse sur leur
misère , et peut-être pour les contenir en détournant leurs
pensées du sentiment de leur sort , on leur donne des
spectacles , on leur permet des jeux , des fêtes , des amusemens publics ; on a vu le peuple romain souffrir patiemment les cruautés de Néron , et se soulever quand on
voulut lui ôter son Bouffon. Les seuls esclaves des colonies ne peuvent avoir aucune sorte d'amusement. Tout est
clandestin pour eux ; sous-prétexte que leurs asemblées
ne peuvent être qu'illicites , tumultueuses , ou leur défend
de goûter le seul plaisir qu'ils peuvent avoir. Comme si
l'on pouvoit les empêcher de s'assembler en secret, comme
si leurs assemblées publiques pourroient être aussi dan-
gereures que celles qu'ils tiennent la nuit ; comme si la
danse , dont ils sont si passionnés , ne les écartoit pas des
idées de complot qu'on redoute tant de leur part ! tandis
qu'en leur permettant de danser en présence d'un économe , ils s'amuseroient assez pour ne plus chercher à le
faire de nuit et dans les bois comm e on ne sauroit
l'empêcher. Et l'on peut préférer une vie ausstri oublée ,
une tâche aussi rude et aussi inhumaine , à la douceur

d'une vie paisible juste et bienfaisante ! oh, que les
tyrans sont aveugles et malheureux !

Mais croira-t-on par quelle politique véritable on s'op-
pose ainsi aux danses des nègres ? par jalousie.... Oui,
les blancs, qui veulent avoir le droit exclusif et arbitraire
sur leurs négresses, craignent que s'ils les laissoient aller
dans des assemblées, des nègres partageroient leurs plaisirs. Pauvres colons ! ignorent-ils qu'avec toutes leurs précautions leurs négresses préfèrent toujours un nègre ?

Loin donc de rien risquer en adoucissant le sort de leurs
esclaves, ils y gagneroient de toutes les façons. L'esclave
le plus entendu ne pouvant amasser son prix que sur la
fin de sa carrière, il ne feroit qu'éviter sa perte ou les
charges de sa veillesse à son maître ; et toute sa vie, le
seul espoir de devenir un jour libre, lui aura été un
stimulant, ou plutôt un frein puissant et tout à l'avantage du propriétaire.

Mais diront sans doute les maîtres qu'une ignorante cupidité guide, si l'esclave avoit le droit de propriété *réelle*
sur son pécule, il nous pilleroit pour assurer plutôt son
sort. A cela je réponds, 1°. que toujours l'esclave est
voleur, *de quelque couleur qu'il soit* ; 2°. qu'il le seroit infiniment moins s'il avoit de quoi répondre de ses vols et
ménager davantage les bontés de son maître ; 3°. qu'en
établissant pour une de ses loix réglementaires que ses
vols l'éloigneroient d'autant de la liberté : 4°. en établissant une sorte d'amende sur son avoir.

Mais tel qu'est actuellement le sort de l'esclave, qui
peut le détourner du vol et le porter au bien, au travail, à la fidélité et à la sobriété ? qu'il fasse bien ou
mal à ses yeux, et *dans le fait*, c'est tout un, n'ayant
aucune sorte de récompense à en attendre. S'il pèche, il
est sûr, à la vérité, d'être rudement châtié ; mais s'il fait
son devoir, il est aussi sûr de n'en être point récompensé.
Car quand bien même son maître le voudroit, se résou-
droit-il à sacrifier sa valeur, si chère aujourd'hui, puis

encore à donner la somme extraordinaire qu'il en coûte pour obtenir son affranchissement ? les bons maîtres étoient empêchés par-là de récompenser leurs fidèles sujets , et les mauvais trouvoient le prétexte de manquer à la justice et à la bienfaisance. Le gouvernement concouroit donc, ou plutôt aggravoit , appesantissoit encore le sort des esclaves en rendant leur affranchissement presqu'impossible ; tout ce que ceux-ci peuvent attendre de leurs maîtres , pour leurs bons services , c'est de n'être pas châtiés quand ils méritent des récompenses !....

On ne peut lire , sans une amère douleur, sans de cruels déchiremens, dans le rapport des députés de l'Amérique à l'assemblée nationale, que les nègres qui avoient le plus à se louer des bontés de leurs maîtres , ort été les premiers , pendant leur révolte , à les trahir et à les égorger.... Eh ! ne sont-ils donc pas déjà assez à plaindre! faut-il encore chercher à les rendre plus misérables! et n'êtes vous pas assez entourés de danger ; faut-il réduire les esclaves à un état plus désespérant encore ! Quoi ? des hommes ont pu se flatter de persuader à une assemblée composée des hommes les plus savans de tout l'empire françois , que plus on fait de bien aux esclaves, et plus ils sont méchans ! que ceux qui avoient été les plus maltraités sont ceux qui se sont montrés les plus fidèles , et les plus attachés à leurs maîtres, qui les ont défendus. qui les ont sauvés ?.... Ainsi , votre conclusion barbare est que vous les traitiés encore plus cruellement pour en être mieux servis , plus aimés , et plus sûrement préservés !... Oh ! quelle maxime.... et l'on a pu la mettre au jour !....

Les Espagnols avoient une loi fort sage qu'en se policiant ils ont abolie : un esclave pouvoit forcer son maître de lui donner la liberté moyennant la somme de 1200 liv. tournois. L'édit de 1784 accorde la liberté de *Savanne* à toute négresse qui pourra présenter à son maître six enfans. Mais qu'est-ce pour elle que cette vaine image de la liberté après laquelle le cœur de l'esclave soupire tant ?

Ne sait-elle pas bien que si elle vient à faire d'autres enfans, ils n'en appartiendront pas moins à son maître ?
Ne sait-elle pas bien qu'elle ne peut sortir de cette *Savanne*
sans un billet de son maître, et que ce n'est-là qu'une liberté absolue à toute mère de huit enfans vivans ? On eut
par-là donné naissance à de milliers de négrillons de plus,
on eut rendu leurs mères plus soigneuses à les nourrir, à
les préserver des vers, à les *échiquer*. Eh bien, cette liberté
imaginaire, dont très-peu de négresses auroient pu jouir
par le pur hasard, croira-t-on qu'elle a été rejettée d'une
grande partie des colons ?

C'est quelque chose de frappant que la chaleur avec
laquelle les esclaves poursuivent la liberté, et l'enthousiasme avec lequel ils la reçoivent : peut-on ne pas ap-
percevoir que c'est-là le moyen le plus efficace que
l'on puisse employer pour les porter à tout ce qu'on
doit en exiger, s'ils étoient sûrs d'en obtenir cette récompense si chère à leurs cœurs ? mais il semble que, pour
servir le goût des colons, le gouvernement soit fâché de
voir sortir un esclave de son état. Et cependant on ne
peut plus douter aujourd'hui que le salut des colonies dé-
pende absolument du nombre des hommes de couleur
libres.

Voilà ce qu'une longue expérience m'a appris. Mon
projet, et bien mieux encore mes réflexions, trouveront
peu de partisans parmi certains colons ; mais dans des vues
d'utilité générale, le bon citoyen s'élève sans crainte au-
dessus des considérations particulières ; et quand son
examen a été fait par l'œil impartial de la raison et de
l'humanité, s'il n'a point les suffrages de tous ses concitoyens, il a la douceur du témoignage de sa véracité pour
se consoler.

MILSCENT, créole.

Paris, ce 18 décembre 1791.

RÉFLEXIONS

SUR LES VÉRITABLES CAUSES

DES TROUBLES ET DES DÉSASTRES

DE NOS COLONIES,

NOTAMMENT

SUR CEUX DE SAINT-DOMINGUE:

*Avec les moyens à employer pour préserver
cette colonie d'une ruine totale ;*

ADRESSÉES A LA CONVENTION NATIONALE;

PAR JULIEN RAYMOND,
colon de Saint-Domingue.

———————

A PARIS.

1793,

L'AN SECOND DE LA RÉPUBLIQUE.

AVERTISSEMENT.

DEPUIS plus de trois semaines, les réflexions que je présente ici ont été lues à plusieurs membres de la convention et à plusieurs colons blancs : ils m'ont tous engagé à les faire imprimer.

Je ne mets ici cet avis que pour faire connoître que ces réflexions ont été écrites avant la déclaration de guerre avec l'Angleterre, et par conséquent avant les nouvelles qui nous viennent de cette partie, sur les dispositions de la cour de Saint-James sur nos colonies.

RÉFLEXIONS

SUR LES VÉRITABLES CAUSES

DES TROUBLES ET DES DÉSASTRES

DE NOS COLONIES,

NOTAMMENT

SUR CEUX DE SAINT-DOMINGUE;

Avec les moyens à employer pour préserver cette colonie
d'une ruine totale.

DEPUIS quatre ans nos colonies, comme la métropole, sont déchirées par des troubles intérieurs; d'abord par l'effet naturel des événemens, et ensuite par les intrigues les plus coupables et les plus désastreuses. Mais il y a cette différence, que la métropole ne succombera pas à ces troubles, à cause de sa force d'inertie et de l'homogénité de sa population; et qu'au contraire nos colonies doivent nécessairement y succomber, si on ne s'empresse d'y porter le seul remède qui puisse, non-seulement les conserver à la France, mais même garantir les fortunes particulières.

Depuis l'époque de notre révolution, le gouvernement a fait des dépenses énormes pour secourir et conserver nos colonies, et on ne peut rien lui

A 2

reprocher à cet égard ; mais avec des lois sages et bien combinées, on auroit beaucoup mieux réussi à prévenir tous les malheurs qui les ont déchirées.

L'assemblée constituante, composée en grande partie d'hommes qui n'avoient pas ces connoissances raisonnées des localités, se laissa entraîner dans de fausses mesures, par des colons de la plus insigne mauvaise foi, et par des intrigans qui siégeoient dans son sein. Ces derniers vouloient perdre la chose publique en perdant nos colonies ; et tous ces hommes, coalisés par des intrigues différentes, arrachoient à l'assemblée constituante des lois qui, en servant l'orgueil et les passions des premiers, secondoient les vues perfides des seconds.

La première faute que fit l'assemblée constituante, sur l'objet des colonies, fut celle de consentir à partager, avec les assemblées coloniales, le pouvoir législatif, en permettant à ces dernières (sous de vains prétexte) de faire les loix relatives aux hommes esclaves, et d'une partie des libres. Qu'est-il arrivé de cette foiblesse du corps constituant ? C'est que les loix qui furent demandées, comme pouvant seules assurer les propriétés, ont été précisément celles qui leur ont porté les plus cruelles atteintes ; et ceci est une verité qu'il ne sera pas difficile de prouver.

Toutes les révolutions faites par le concours du peuple, dans quelque lieu et dans quelques circonstances qu'elles se fassent, échouent toujours, si elles ne sont à l'avantage de la majorité du peuple chez qui elles s'opèrent. Ce n'est donc qu'en donnant des avantages, et en améliorant le sort du plus grand nombre, que vous ferez réussir vos révolutions ; autrement, vous trouverez toujours ce plus grand nombre opposé à vos projets, et agissant en sens inverse de toutes vos opérations.

D'après cette vérité, examinons si, pour faire réussir notre révolution dans les colonies, on a pris les moyens généraux que nous venons d'indiquer, et si, en prenant des mesures contraires, on ne les a pas plongées dans l'état déplorable où elles sont.

Loin de prendre la mesure salutaire, et la seule qui pût faire réussir notre révolution, celle d'améliorer le sort de la majorité des individus, on a, au contraire, commencé par mécontenter plus de la moitié de la population libre, en refusant aux citoyens de couleur, les droits qu'ils tenoient de la nature et des loix antérieures à la révolution. Rien n'étoit plus adroit de la part de ceux qui ne vouloient pas de cette révolution, car il devenoit indubitable que les citoyens de couleur, de qui on cherchoit à aggraver le sort par la révolution même, auroient tout entrepris pour la renverser, ou pour jouir de ses bienfaits.

Les colons blancs voloient, pour eux seuls, la révolution, et ils n'étoient tout au plus que la douzième partie de la population des colonies : donc cette révolution ne pouvoit qu'être contrariée par les onze douzièmes, à qui elle ne donnoit aucun avantage.

Ce que je viens de dire pour les hommes de couleur libres, peut s'appliquer aujourd'hui aux esclaves; ils forment les neuf dixièmes de la population totale des colonies. On devoit donc les faire participer à cette révolution, non dans toute son étendue, mais les y intéresser, en améliorant considérablement leur sort, de manière à ne pas détruire notre commerce, ni faire souffrir les fortunes particulières. Alors ils eussent été de chauds partisans de cette révolution, et les malveillans eussent échoué dans leurs desseins perfides de les soulever. Contens de leur nouvel état, ils n'auroient jamais

A 3

prêté l'oreille aux perfidies des contre-révolutionnaires, et les colonies n'eussent jamais été trou-
blées. Mais le vice qui régnoit dans le corps constituant, et que j'ai expliqué plus haut, devoit en décider autrement.

Plusieurs partis, même parmi les colons, avoient
des vues différentes ; et les contre-révolutionnaires
se joignoient à eux, non pour servir leurs vues,
mais pour nous faire perdre les colonies ; parce qu'ils
pensoient que cette perte devoit être suivie de la
contre-révolution. Quel autre intérêt, par exemple,
pouvoient avoir tous ces prêtres pour faire refuser aux
citoyens de couleur les droits qu'ils réclamoient,
si ce n'étoit celui de faire de ces hommes des ennemis de notre révolution ?

On sait avec quelle perfidie, en même temps,
d'autres hommes, dans les colonies, irritoient les
hommes de couleur contre la révolution. Ils les
faisoient vexer de toutes les manières par les prétendus corps populaires, et affectoient ensuite beaucoup de compassion pour tout ce qu'ils souffroient,
et ils leur insinuoient facilement par ce moyen que,
sous l'ancien régime, ils étoient moins malheureux,
et leur présentoient sans cesse cet ancien régime,
comme le terme de leurs malheurs. Qu'on se rappelle quels étoient les hommes qui paroissoient protéger les citoyens de couleur dans les colonies, et
avec quelle perfidie ils les égaroient, et on verra
si c'étoient des amis de la révolution.

Mais lorsque le décret du 15 mai eut déjoué tous
les projets des contre-révolutionnaires, et qu'ils
virent que les citoyens de couleur alloient s'attacher
à la révolution, alors ils les abandonnèrent et tournèrent leurs espérances du côté de la classe des
esclaves, plus facile à égarer que les hommes de
couleur.

Pour y parvenir, il fallut recommencer à flatter l'orgueil des colons, et paroître servir leurs différentes vues, et ce fut à l'époque du décret du 15 mai que les contre-révolutionnaires conseillèrent à ces colons de faire mettre quelques ateliers en insurrection, pour prouver à l'assemblée constituante que c'étoit un effet du décret, et l'obliger par ce moyen à le retirer, et à rendre ensuite le prétendu décret constitutionnel du 24 septembre, qui accordoit aux assemblées coloniales l'initiative sur l'état des personnes.

Tout cela leur réussit parfaitement, et les colons furent comblés des faveurs du corps constituant. Voilà la source de tous les malheurs des colonies; car il est bien démontré aujourd'hui, que si l'assemblée constituante eût eu la sagesse et le bon esprit de reconnoître les droits des citoyens de couleur, à la première réquisition qu'ils en firent, et qu'elle eût immédiatement après amélioré le sort des esclaves, sans nuire toutefois aux fortunes particulières et au commerce national; alors toute la population des colonies, gagnant à la révolution, elle l'eût appuyée, et la paix n'y eût pas été troublée.

Si l'assemblée constituante fit alors une grande faute, elle devient facile à réparer aujourd'hui, grace à la loi du 4 avril. Au lieu que si l'on eût toujours persisté à maintenir le décret du 24 septembre 1791, il ne restoit d'autre parti aux hommes de couleur, que de se coaliser avec les esclaves, et de ruiner la colonie de fond en comble.

Mais puisque la loi du 4 avril a ramené les citoyens de couleur à des principes, pourquoi n'essayeroit-on pas d'y ramener les esclaves par un moyen semblable, sur-tout dans la circonstance où nous allons nous trouver?

Nous sommes menacés d'une guerre avec l'Angleterre; mais qu'on ne croye pas pour cela que cette puissance cherche à nous enlever nos colonies; qu'en feroit-elle dans l'état où elles sont? Déchirées par des divisions intestines, il faudroit y entretenir une force considérable pour y mettre l'ordre et contenir les esclaves révoltés; il faudroit ensuite y verser des capitaux immenses, pour rétablir les dévastations; tout cela encore dans l'incertitude d'en pouvoir retirer quelques fruits. Cette conquête, de quelque manière qu'on l'envisage, deviendra toujours trop onéreuse à l'Angleterre; ainsi, on ne doit pas craindre qu'elle l'entreprenne. Mais le cabinet de Saint-James pourroit bien suivre le systême perfide de la cour de Madrid, et employer des contre-révolutionnaires émigrés à Londres pour aller soulever les esclaves dans nos colonies (1); et dût l'Angleterre, par ce moyen perfide, perdre les siennes dans cette partie, elle n'en arriveroit pas moins à son système chéri, celui de la domination des mers.

Nous ne devons pas douter de l'intention des cours de l'Europe pour faire échouer notre révolution, et qu'elles emploieront tous les moyens pour réussir à la renverser; mais toutes n'ont pas dû manifester ouvertement leurs intentions à ce sujet. Les puissances maritimes, par exemple, et sur-tout celles qui ont de vastes colonies, ont dû, par politique, ne pas se déclarer, parce que connoissant l'esprit et les principes de notre révolution, elles ont dû craindre de les voir porter dans leurs possessions, qu'elles ne pouvoient faire assez garder pour les empêcher d'y pénétrer. En conséquence, elles ont caché leurs sentimens; et

_____

(1) On annonce déjà que plusieurs scélérats sont à Londres pour s'embarquer pour Saint-Domingue, afin d'y remplir cette abominable mission.

voilà pourquoi vous n'avez vu que les puissances sans colonies, ainsi que la Prusse et l'Autriche, vous attaquer ouvertement.

Mais voyons comme les puissances maritimes se sont conduites. L'Espagne, par exemple, n'a été retenue que parce qu'elle a craint de nous ce que les Anglais ont essayé de faire contr'elle pendant la dernière guerre, d'affranchir tous les peuples des Indes occidentales.

En s'enveloppant du manteau de la perfidie pour nous cacher son impuissance, l'Espagne à cherché à nous nuire d'une manière terrible. Nous savons aujourd'hui la part active prise par cette cour, de concert avec les contre-révolutionnaires, à tous les désastres de notre colonie de Saint-Domingue. Dira-t-on, pour nous dissuader de cette perfidie, que l'Espagne ne pouvoit réussir à perdre notre colonie en soulevant nos esclaves, qu'en s'exposant à perdre elle-même la partie espagnole de cette île, et que nos esclaves révoltés auroient entraîné les leurs et ruinés en commun cette belle partie ? On peut répondre qu'assurement l'Espagne avoit dû compter sur ce acrifice, et qu'en le faisant, elle n'eût pas payé trop cher notre perte ; assez de terres lui seroient encore restées. D'ailleurs, n'avoit-elle pas senti que les principes de notre révolution, venant à se développer parmi les Espagnols, devoient lui faire perdre cette partie de son territoire, et qu'une fois dans nos mains, elle eût doublé nos richesses ? Il étoit donc de son avantage, sous tous les rapports, de la sacrifier, pourvu que ce sacrifice eût entraîné la ruine de notre colonie. Et voilà pourtant par quels moyens les malheureux colons se trouvoient ruinés et sacrifiés à une cour coalisée avec ceux qui paroissoient tout faire pour conserver leurs propriétés.

Qu'on ne s'y méprenne donc pas. L'Angleterre, en nous déclarant la guerre, ne suivra d'autre système pour nos colonies, que celui d'achever de les ruiner ; et dût-elle, comme je l'ai déjà dit, perdre toutes ses possessions des Antilles, dans cette position . elle n'en arriveroit pas moins à la domination de toutes les mers ; et l'Espagne même seroit la première victime de son système désastreux. (1)

(1) On répand ici, depuis quelques jours, que plusieurs colons des plus intrigans sont à Londres, pour offrir à Pitt de lui livrer nos colonies. Je les crois assez fous pour avoir conçu ce projet, qui ne peut entrer que dans la tête d'un émigré, ou d'un colon perdu de dettes. De pareils hommes peuvent tout entreprendre, ils n'ont plus rien à perdre. Mais que résul era-t-il de ce projet ? C'est que Pitt, plus rusé que les colons et les émigrés, se servira de leur haîne pour faire réussir des projets bien autrement majeurs que l'envahissement de nos colonies. En effet, de quelque conséquence qu'elles puissent paroître, elles ne vaudront jamais, aux yeux de Pitt, ce que peut valoir à la Grande-Bretagne la suprématie et la propriété des mers qu'il peut acquérir en détruisant nos colonies, et celles même de l'Angleterre. Ainsi donc les paisibles propriétaires seront encore sacrifiés à l'intrigue de quelques colons, perdus de dettes et contre-révolutionnaires.

Veut-on une preuve de l'impossibilité où est le gouvernement anglais de faire la conquête de nos colonies, et de les garder si elles lui étoient livrées. Qu'on lise ce qu'a proposé M. Dundas pour les colonies angloises. C'est d'abord de les faire fortifier, et d'employer à cet ouvrage les bras de leurs esclaves. Cette mesure n'annonce-t-elle pas l'embarras de trouver assez de soldats pour les garder ; et s'ils en manquent pour garder leurs propres colonies, comment en trouveront-ils assez pour conquérir les autres, les garder, maintenir l'ordre parmi les libres et y contenir les esclaves révoltés ? Toutes ces considérations doivent donc nous mener à conclure que le gouvernement ne suivra d'autre système pour nos colonies, que celui que l'Espagne vient de mettre en usage, celui de faire révolter nos esclaves.

Quelpu'atroce que soit le projet de faire égorger les libres par les esclaves, les tyrans et leurs cours ne le mettront pas moins à exécution. Eh ! ne sait-on avec quel sang froid les tyrans

Si l'on considère combien les colonies anglaises des Antilles fournissent peu de denrées coloniales de leur crû ; si l'on considère que cette Jamaique, dont on parle tant, n'est pour l'Angleterre qu'un entrepôt pour le commerce qu'elle fait dans le golfe du Mexique et sur les côtes espagnoles de cette partie ; si l'on considère enfin que cette isle est menacée sans cesse d'une révolution par les nègres de la montagne bleue, on sentira que les Anglois en abandonneroient facilement le sol, peu productif aux esclaves révoltés, pourvu qu'ils pussent en conserver les ports et les rades, qui leur serviroient toujours pour leur commerce des Indes occidentales.

Supposons, pour un moment, toutes les Antilles abandonnées aux esclaves révoltés, et toutes les cultures détruites, et examinons ensuite dans quelle position se trouveroient toutes les puissances de l'Europe à l'égard de la Grande-Bretagne. La France, puissance maritime, perdant tout son commerce, obligée de faire face, sur son continent, à toutes les puissances coalisées contr'elle, abandonneroit nécessairement sa marine, pour réunir tous ses moyens de défenses sur son territoire. L'Angleterre, au contraire, dont la marine se soutiendroit par son commerce de l'Inde, deviendroit formidable, et auroit bientôt réduit toutes les autres puissances, sur-tout cette Espagne, dont elle convoite depuis si long-temps les terres et les trésors.

---

et leurs cours sacrifient les hommes et leurs propriétés à ce qu'ils appellent leur gloire ! Si l'on pouvoit encore en douter, qu'on se rappelle la caste des Indiens presque détruite dans le Nouveau-Monde, les Vêpres siciliennes, la Saint-Barthélemy, les massacres des Vaux, ceux de l'Irlande, *l'embrásement du Palatinat*, etc. etc. etc., enfin les derniers projets de la cour de Versailles, en 1789 et années suivantes.

Il faudra que les puissances de l'Europe s'aveuglent bien sur leurs intérêts, si elles se joignent à l'Angleterre pour abaisser ou détruire la marine française, qui seule, jusqu'à ce jour, a su mettre un frein à l'ambition de la Grande-Bretagne.

Comment ne voient-elles pas, toutes ces puissances, que si l'Angleterre réussissoit à réduire la France à son seul continent, elles n'auroient pas elles-mêmes pour vingt-quatre heures d'existence, et que l'ambition du cabinet de Saint-James ne manqueroit pas de saisir cette occasion pour réaliser ce projet fanfaron du ministre Pitt, qui ne vouloit pas qu'il fût tiré un coup de canon sur mer, qu'au préalable on en eût obtenu la permission de la Grande-Bretagne?

Mais voulez-vous déjouer tous ces projets? Deux moyens simples vous suffiront. Que votre conseil exécutif provisoire dise, avec franchise et énergie, à tous les cabinets de l'Europe ce que peut devenir l'Angleterre, en prennant part à la guerre actuelle; qu'il fasse sentir à toutes les conrs que leur véritable intérêt est de soutenir la France républicaine, renonçant à toutes conquêtes, plutôt que de la laisser assaillir, elle qui pourra désormais mettre un frein à l'ambition des conquérans.

Après cette mesure, prenez-en une grande pour vos colonies, qui, en les sauvant, sauvera avec elles votre commerce et votre marine. Cette mesure consiste à donner des lois justes et à l'avantage de tous les individus qui en composent la population, de sorte cependant qu'aucun des liens d'intérêt puissent se rompre. Ceci doit être expliqué clairement.

En considérant toute la population des libres et des esclaves comme un tout homogène, il faut porter ce tout à son plus grand bonheur, en conservant les rapports antérieurs; c'est-à-dire que, faisant arriver tous les libres à la plus grande lati-

tude de liberté dont on peut jouir dans l'état de sociabilité, vous devez aussi rapprocher les esclaves
de l'état de liberté, en sorte qu'ils puissent y arriver
sans sécousses et par les seuls moyens que la loi
leur offrira. Par ce moyen, vous éviterez ces dé-
déchiremens indispensables d'un tout homogène,
dont vous voulez porter une partie vers un but, en
retenant l'autre dans un point fixe. De plus, cette
mesure, en comblant la dose de bonheur à laquelle
chaque individu aspiroit, vous les attacherez tous au
nouvel ordre de choses, qui pourra seul maintenir
leurs jouissances et leurs droits.

Comme nous ne pouvons pas douter de l'iutention
perfide de nos ennemis de détruire nos colonies
par le soulèvement de nos esclaves, nous devons nous
hâter de prendre les mesures les plus sûres pour déjouer
leurs projets. Eh! quelle mesure y sera plus propre,
que celles de rendre nos esclaves infiniment plus heureux qu'ils ne le sont, et mettre, par ce moyen, nos
ennemis dans l'impuissance de leur offrir, par la révolte, un sort plus heureux que celui que nos sages
loix leur offriront?

J'entends souvent faire cette question.

*Quels sont les moyens de défenses générales pour
garantir nos colonies d'une invasion ?* J'avoue que je
n'en connois pas de plus sûr et de moins dispendieux
que celui de faire que tous les individus, libres ou
esclaves, soient véritablement intéressés à les défendre et en repousser l'ennemi. Or, il est bien évident que, si vous améliorez le sort de vos esclaves,
de telle manière qu'ils soient convaincus que sous
un autre gouvernement ils ne seront pas mieux; il
est bien évident, dis-je, que dans cette hypothèse
ils concouront, par tous les moyens qui seront en
leur pouvoir, à repousser ceux qu'ils croiront venir

aggraver leur sort, et ravir les espérances qu'ils auroient fondées sur les nouvelles lois. (1)

D'après ce moyen, concevez quelle force repressive vous aurez dans vos colonies. Cette force placée naturellement sur tous les points qui peuvent être attaqués, peut donner l'éveil à toute la colonie, et être employée avec succès par des hommes intelligens, sur-tout dans un pays couvert et montagneux comme le sol des colonies.

Je sais bien que le moyen que je propose ici, n'aura pas l'approbation de ces hommes perfides qui se nourrissent encore d'espérances criminelles d'indépendance et de contre-révolution. Mais il est aussi de véritables Français, attachés à la mère-patrie et à ses nouvelles lois, qui sauront contenir les méchans, et les forcer à partager ensemble le bonheur que le nouveau gouvernement leur offre.

Il reste maintenant à rassurer les colons sur leurs propriétés; car il semble à quelques-uns qu'on ne sauroit améliorer le sort de leurs esclaves, qu'en réduisant les maîtres à la plus affreuse misère. Ce que je dirai à ce sujet, ne s'adressera qu'aux colons de bonne foi, et qui ne sont qu'égarés par leurs intérêts mal calculés. Quant à ceux de mauvaise foi, et ceux dont l'orgueil les assimile aux ennemis de toute égalité, et qui veulent tout sacrifier pour cette fole passion, nous savons d'avance qu'ils n'entendroient à rien. Coalisés avec nos ennemis de Coblentz, ils ne respirent que pour déchirer le sein

(1) Lorsque Charles Vilette a dit dans le Patriote François, n°. 1270 : *Donnez à vos nègres la liberté, et vous couvrez le sol des colonies de combattans*, il n'a voulu parler que de cette liberté préparée dont je parle moi-même, qui, conduisant les noirs à joindre une propriété à nos jouissances, et leur liberté doublera leurs forces pour combattre nos ennemis, qu'ils regarderont alors comme les leurs.

de leur mère-patrie , parce qu'elle montre une égale tendresse et donne les mêmes droits à tous ses enfans.

Mais en m'adressant aux premiers, je leur parlerai ainsi : « Vous avez cru que l'initiative que vous » avoit accordé l'assemblée constituante , étoit la » sauve-garde de vos paopriétés ; cependant vos » propriétés sont incendiées et vos esclaves dans une » violente insurrection. Comment se fait-il que ce » qui vous paroissoit devoir garantir vos propriétés , » les ait au contraire fait détruire? C'est que vous n'a- » vez pas fait de cette initiative l'usage que vos députés » avoient promis , celui de la faire servir à améliorer » vous-mêmes le sort des hommes de couleur , puis » celui de vos esclaves. Votre assemblée coloniale , » influencée par les agens du gouvernement qui » vouloient l'ancien régime , et travaillée par nos » ennemis , non-seulement n'a rien fait pour le » bonheur des hommes de couleur, mais au con- » traire tout fait pour les aliéner contre elle. Qu'ont » fait alors vos ennemis ? Ils ont attiré dans le parti » contre-révolutionnaire ces mêmes hommes de » couleur que vous vous étiez aliénés par leur conseil, » et ils les ont tourné contre vous, parce qu'ils leur » ont offert protection pour les soustraire à tout ce » que vous leur faisiez éprouver. Ils avoient l'adresse » de leurs promettre un sort plus heureux, s'ils » les aidoient à rétablir l'ancien régime ; et vous savez » quels malheurs seroient résulté de cette union , » sans le décret du 15 mai , dont l'inexécution , » sollicitée par votre assemblée coloniale , a mis » la colonie à deux doigts de sa perte.

» Enfin vous obtîntes la révocation de ce décret ; » et il faut vous dire qu'elle fut réclamée ici par les » ennemis les plus déclarés de la révolution , les Ma-

« louet, les Mauri, les Cazalès, et par tous ces
« prêtres déjà réfractaires aux lois de la nation, tous
« indifférens par le fait à cette révocation ; mais ils
« en sentoient les effets désastreux, et ils la deman-
« doient comme une mesure contre-révolutionnaire.

« Mais dans l'intervalle du décret du 15 mai à sa ré-
« vocation, vos ennemis désespérant de l'obtenir,
« conseillèrent à quelques colons de disposer quelques
« ateliers à une espéce de révolte, (1) afin de pouvoir
« présenter cet événement comme un effet de la loi
« du 15 mai, et déterminer, par ce moyen, l'assemblée
« nationale à renoncer au pouvoir législatif sur les co-
« lonies, et l'abandonner aux assemblées coloniales,
« sous la sanction du roi.

« L'aveuglement et la mauvaise foi de quelques
« colons leur fit goûter cet avis perfide ; et quelques
« ateliers dans les environs du Cap furent mis en insur-
« rection. On tâcha de la continuer assez de temps,
« pour en rendre témoins les colonies voisines, afin
« de les porter elles-mêmes à réclamer contre les nou-
« veaux principes français, que l'on donnoit pour
« cause de cet événement.

« Mais il arriva tout le contraire de ce qu'on avoit
« espéré ; c'est que nos plus proches voisins (les Es-
« pagnols), de concert avec les contre-révolutionnaires
« de la colonie, s'empressèrent de fournir aux révoltés

(1) Immédiatement après le décret du 15 mai, il fut envoyé, avec profusion à Saint-Domingue, une lettre imprimée,
sous le nom d'un membre de la députation de cette colonie,
dans laquelle ce conseil perfide étoit donné aux colons. Cette
lettre, qui d'ailleurs contenoit les diatribes les plus virulentes,
dirigées contre les membres purs et patriotes de l'assemblée
constituante, fut dénoncée par Biauzat, et un des six ou sept
exemplaires qui parurent en France, fut déposé au comité
colonial.

des

« des armes qu'ils tournèrent contre vous, et avec les-
« quelles ils entreprirent la destruction de vos proprié-
« tés.

« Voilà, colons de bonne foi , comment vous avez
« été trompés et ruinés par des intrigans qui se disoient
« vos amis et les défenseurs de vos propriétés , tandis
« qu'ils n'en étoient que les dévastateurs. L'arrivée des
« derniers commissaires nationaux vous a enfin désillés
« les yeux, et vous avez reconnu les ennemis de la ré-
« volution et les votres.

« Mais ne vous y trompez pas, tout le mal n'est
« pas encore détruit par cette seule mesure ; il en faut
« une seconde, et elle doit être le contre-pied de toutes
« celles que vous avez cru être propres à la conserva-
« tion de vos propriétés.

« L'initiative sur les lois coloniales, que vous avez
« cru être cette mesure, vous a été funeste ; parce que
« vous n'en avez pas fait l'usage que vous deviez. Re-
« noncez-y donc; car elle vous deviendroit encore plus
« funeste, si elle vous restoit , quand même vous vou-
« driez sincèrement l'employer à faire le bien ; car si
« vous considérez que vos assemblées coloniales ont
« perdu toute la confiance qu'elles devoient inspirer à
« toutes les classes ; 1° dans leur conduite astucieuse
« envers les citoyens de couleur, à qui elles avoient
« promis, plusieurs fois et à différentes époques , de
« s'occuper de l'amélioration de leur sort; et cependant
« ne s'en occupent jamais que pour l'agraver; 2° en leur
« promettant, dans une circonstance difficile, de faire
« exécuter la loi du 15 mai, quand elle leur parvien-
« droit officiellement , lorsque dans le même instant
« elles en faisoient solliciter la révocation; 3° en rom-
« pant ensuite un concordat authentique, dont l'effet
« avoit sauvé plusieurs paroisses de la colonie. Si vous
« considérez, dis-je, toutes ces choses, vous sentirez
« combien peu de foi auront les révoltés dans toutes

B

« les promesses que pourroient leur faire vos assem-
« blées coloniales, relativement à l'amélioration de
« leur sort ; et sur-tout encore d'après la connoissance
« qu'ils ont des refus qu'elles ont faites dans différentes
« occasions, d'accéder à aucune des propositions faites
« par les premiers commissaires. Si vous considérez
« enfin que ce n'est que par de pareilles définces que
« sont nées les difficultés qu'ont eu les citoyens de
« couleur de croire à la sin- cérité des blancs dans
« leur dernière réunion , vous sentirez que ce n'est
« qu'au nom seul de la nation qu'on doit promettre
« aux esclaves l'amélioration de leur sort, et que c'est
« le seul moyen de leur inspirer la confiance né-
« cessaire pour les ramener à l'ordre , à l'obéissance
« des loix, et de là à leurs travaux ordinaires.

La proclamation suivante doit rassurer pleinement
les colons sur les intentions des représentans de la
nation. Nous les exortons à la lire avec attention,
et de la peser pour en apprécier les vrais motifs.
Mais avant tout , ils doivent se persuader que
la nation ne feroit pas tous les sacrifices qu'elle fait
pour les colonies, si elle avoit le projet insensé d'en
affranchir subitement les esclaves ; car cette mesure
en entraîneroit sûrement la ruine totale.

PROCLAMATION

A faire aux esclaves révoltés dans les colonies françaises.

Hommes abandonnés,

Une nation puissante et généreuse vient vous tendre une main secourable ; elle vient tarir la source de vos malheurs.

Mais, pour atteindre à ce but, la nation française doit, avant tout, s'occuper du soin de faire germer dans vos ames les vertus nécessaires au nouvel état qu'elle vous destine. En ne cessant jamais d'être juste, elle saura concilier, par de sages loix, ses principes de justice avec les intérêts commerciaux de la métropole, et ceux des colons qui ont des propriétés dans les colonies.

La soumission aux loix, et l'ordre qui en doit résulter, sont les seules choses que la nation exige de vous, pour vous conduire aux jouissances qu'elle vous prépare. Rentrez donc promptement dans l'ordre, hommes égarés, et attendez, dans un silence respectueux, les loix qui doivent vous régénérer. .

Vos ames, depuis long-temps comprimées par l'avilissement et par des châtimens rigoureux, ont dû nécessairement se dégrader et voir s'éteindre ce feu divin qui fait naître et alimente les vertus nécessaires à l'homme, et indispensables dans son état de sociabilité.

B 2

Déraciner de vos ames les vices, les remplacer par des vertus; tel sera le premier soin de la loi.

Pour cela, il est nécessaire que vous soyez encore quelque temps sous la tutelle de ceux qui seront chargés du soin d'améliorer votre sort; car ce ne peut être que par l'habitude constante à pratiquer ce que la loi exigera, que vous vous montrerez dignes du bonheur où elle veut vous conduire.

La première chose que la loi exige dans l'état de liberté et de sociabilité, c'est le respect pour les personnes et les propriétés. Il faut donc vous accoutumer à les respecter envers les autres, si vous voulez en ressentir les heureux effets, quand vous arriverez à les réclamer pour vous.

Il est aussi des qualités absolument nécessaires à l'état de liberté et d'égalité où vous devez arriver un jour; vous devez donc mettre tous vos soins à les acquérir, par une grande persévérance à les pratiquer.

La première de ces qualités, et la plus indispensable, c'est l'amour et l'habitude du travail; car ceux qui ne travaillent pas, ou pour se procurer leurs besoins, ou pour conserver leurs propriétés, deviennent bientôt à charge à la société, et finissent par en être la honte et le fléau.

L'état de sociabilité exige des mœurs; elles sont un composé de beaucoup de vertus sociales : les loix qu'on vous prépare, en vous les indiquant, vous encourageront à les mettre en pratique par les récompenses qu'elles y attacheront.

Après ces vertus sociales, il est encore des choses de convenance et d'usage, qu'il est nécessaire que vous pratiquiez; et la loi vous y encouragera encore par des récompenses.

Examinons maintenant si, dans la situation politique où vous vous trouvez, vous avez toutes les

vertus, et si vous possédez toutes les qualités nécessaires pour l'état de liberté, d'égalité et de sociabilité.

En comparant vos mœurs, vos habitudes, avec
celles des hommes libres, vous reconnoîtrez bientôt
vous-mêmes, que non-seulement elles vous manquent, mais même que vous n'avez pu les acquérir
par le vice de la loi qui vous a régi jusqu'à ce jour.

C'est une vérité constante, que celui qui n'a point
de propriété ne respecte guère celle d'autrui ; et comme
la loi ne vous permettoit pas d'en avoir, vous avez
dû nécessairement contracter l'habitude de ne pas
respecter celle des autres, et vous êtes devenus
enclin au vol. Pour détruire chez vous une habitude
si nuisible et si contraire à la société, la loi vous
fournira les moyens d'avoir une propriété, qui sera
respectée, même par vos maîtres, afin de vous habi-
tuer à respecter les leurs.

La première propriété que vous ayez à acquérir,
c'est celle de votre personne, qui fut aliénée : comptez
que, pour cela, la loi vous donnera tous les moyens
pour y parvenir, et que vous serez infiniment plus
favorisé que ne l'ont été jusqu'à ce jour tous ceux
qui ont eu à s'affranchir.

Vous le savez, et vous avez été témoins de toutes
les difficultés et des entraves qu'on mettoit à l'obten-
tion des libertés : trois moyens seuls y conduisoient,
et ils étoient encore entravés par les agens du gouvernement.

Le premier, et le plus usité, n'étoit que pour
quelques femmes rendues mères par des blancs ; et
quoiqu'affranchies par leurs maîtres, elles étoient encore obligées de payer une somme considérable au
gouvernement pour obtenir la ratification de leur
liberté.

Les nouvelles loix, plus justes, abolissent cette

B 3

contribution, suite des désordres de l'ancien régime. En ce point, vous sentez combien vous êtes déjà plus favorablement traités que ne l'ont été les affranchis actuels.

Le second moyen d'affranchissement étoit en payant au maître une somme considérable, et au gré de son caprice. L'esclave, pour acquérir cette somme, y mettoit un temps infini, à cause du peu de moyens qu'on lui laissoit ; et pendant cet espace de temps, tout son travail appartenoit à son maître, quoique l'esclave eût souvent à sa disposition de quoi racheter les deux tiers de l'ouvrage qu'il étoit obligé de donner à son maître.

Mais ce qu'il y avoit encore de plus injuste envers l'esclave, c'est que venant à mourir après avoir acquis une grande partie du pécule exigé pour son rachat, non - seulement il n'avoit jamais joui du fruit de ses épargnes, mais encore elles étoient confisquées par le maître, et les parens de l'esclave en étoient frustrés. Enfin, quand, après bien des peines, l'esclave étoit parvenu à s'acquitter avec son maître, le gouvernement, qui n'avoit aucun droit sur sa personne, venoit encore le rançonner comme dans le premier cas.

Le troisième moyen d'affranchissement étoit très-rare, c'étoit quand le maître récompensoit par la liberté les longs et signalés services de son esclave : ce moyen ne lui évitoit pas encore d'être rançonné par le gouvernement.

Enfin l'esclave parvenoit-il à surmonter toutes les difficultés, devenu affranchi, il n'en restoit pas moins sous la dépendance de tous les blancs de la colonie ; dépendance pire cent fois que l'esclavage dont il venoit de se soustraire. Esclave, son maître seul avoit des droits sur lui, et étoit son défenseur contre quiconque vouloit lui nuire : affranchi, il devenoit comme

23

la propriété de tous les blancs; chacun avoit le droit de l'humilier, de le vexer dans sa personne et dans ses propriétés; et une loi de sang le conduisoit au supplice, s'il osoit opposer la résistance à l'oppression, seul moyen qui lui restoit; car la loi, loin de le protéger comme membre de la société, sembloit au contraire avoir accumulé toutes les rigueurs sur lui.

Au lieu de toutes ces entraves mises à l'acquisition de votre liberté; au lieu de toutes les injustices et l'odieux arbitraire qui les suivoit, voici ce que les nouvelles loix veulent faire pour vous, autant par justice que par humanité.

Son premier soin sera de vous fournir des moyens assurés d'acquérir votre liberté, et ces moyens dépendront absolument de vous.

Ce seroit donc envain et injustement que vous argumenteriez sur les droits que la nation vient de rendre aux hommes de couleur et nègres libres, pour prétendre jouir sur le champ de la liberté à laquelle vous devez arriver.

Les hommes de couleur et nègres libres avoient, par eux ou leurs ancêtres, acquis leur liberté par l'un des trois moyens que vous connoissez. Ainsi, la nation n'a donc frustré les droits de personne, ni attaqué aucune propriété en les faisant jouir de tous les droits d'un homme libre; elle n'a fait en cela qu'un acte de pure justice. Mais vous, qui n'avez par aucun moyen encore obtenu cette liberté, vous ne pouvez être affranchis sans nuire aux intérêts de la nation, à ceux de vos maîtres et aux vôtres mêmes, comme nous vous le prouverons plus loin.

Vous vous êtes révoltés contre vos maîtres, au lieu de réclamer leur humanité; vous avez osé résister ensuite à la volonté nationale, en continuant votre rébellion : sont-ce là vos titres pour mériter votre liberté? Est-ce ainsi que vos frères les affranchis

B 4

l'ont obtenue ? Trouveriez - vous juste vous-mêmes
que la nation récompensât par la liberté tous les
crimes et les dévastations que vous avez commis ?
Non , vous avez une raison, et cette raison vous fera
sentir la nécessité où vous êtes de réparer avant tout
tous les torts que vous avez occasionnds ; et en reconnoissant l'indulgence de la nation dans le pardon
qu'elle vous accorde , vous vous empressezez de le
mériter.

La loi, après avoir invariablement fixé la somme
que chaque esclave devra payer pour se racheter, elle
les mettra à même , par de sages dispositions , non-seulement de se procurer la somme fixée , mais même de
jouir d'une portion de liberté à mesure qu'ils s'en
rendront dignes.

A l'avenir le prix de tous les esclaves mâles , depuis l'âge de 14 ans jusqu'à 40 , sera de 3,000 livres,
et celui des femmes, depuis 12 jusqu'à 36 , de 2,600 l.
chaque année de plus pour les deux sexes dimi-
nueront leur valeur de 100 liv.

Les esclaves sachant des métiers, ou ayant des talens, seront portés à 4,000 livres , parce qu'il a dû
en coûter à leurs maîtres pour les leur faire apprendre,
ou acquérir, et qu'ils auront plus de moyens pour se
racheter.

La diminution de leur valeur par l'âge , sera dans la
même proportion que celle des autres.

Ces prix une fois fixés, l'esclave mâle qui aura
gagné un pécule de 250 livres, et la femme un de
200 liv., en le donnant à leur maître, jouiront d'une
demi - journée de liberté par semaine, et ils pourront
l'employer à un travail à leur bénéfice, qui les mettra
à même de s'acquitter en totalité.

Pour donner aux esclaves la facilité d'acquérir ce
pécule , prix d'une demi - journée de liberté , la loi
leur accordera trois heures de temps par jour à leur

bénéfice, au lieu de deux qu'ils avoient sous l'ancien régime, et fixera invariablement les heures du travail qu'ils devront à leurs maîtres.

Les heures de travail pour le maître seront depuis 4 heures et demie du matin, jusqu'à 11 et demie, et depuis 2 heures et demie de l'après-midi, jusqu'à 6 et demie. Jamais, sous aucun prétexte, on ne pourra exiger des esclaves le travail qu'on appelle la veillée, si ce n'est d'une demi-heure de plus pendant les jours les plus longs de l'année; indépendemment du dimanche qui vous appartient, la loi vous accorde encore un jour de fête tous les mois.

La loi étendra ses bienfaits à tous les esclaves qui se seront bien conduits dans l'année, et qui auront montré leur activité au travail, ils obtiendront une récompense pécuniaire en raison du travail qu'ils auront donné cette année.

Avec tous ces moyens et tous ceux qui seront développés dans le nouveau code de loi que les représentans de la nation préparent pour votre bonheur, quel est celui de vous qui, en mettant à profit ces heures, ces jours, et tous les moyens que la loi lui offre, ne parvienne, dans peu de temps, à acquérir une demi-journée de liberté par semaine? Et une fois arrivé à ce point, avec quelle rapidité n'arrivera-t-il pas à sa liberté entière.

Nous venons de vous développer tous les moyens que vous donneront les nouvelles loix pour arriver promptement à la liberté. Maintenant nous allons vous démontrer la nécessité, pour vous-mêmes, d'acquérir en même-temps les qualités et les vertus nécessaires pour jouir véritablement de la liberté, de l'égalité et des douceurs attachées à l'état de sociabilité établi sur ces bases.

Ceux qui ne travaillent pas, avons-nous dit plus haut, pour se procurer tous leurs besoins, ou pour conserver leurs propriétés, deviennent bientôt à charge à la société, et finissent par en être la honte et le fléau. Il est donc nécessaire, pout éviter de tomber dans l'un de ces deux écueils, que vous continuyez à travailler, après avoir acquis votre liberté, non-seulement pour vous procurer toutes les choses nécessaires à votre nouvel état, mais même encore pour acquérir une propriété qui mette vos vieux jours à l'abri des besoins et de la misère.

Mais comme pour travailler il faut en avoir pris l'habitude et le goût, la loi doit donc exiger pour votre propre bonheur, que vous ne puissiez arriver à la liberté qu'après avoir fait preuve de votre goût et de votre habitude pour le travail, ce que vous ne pouvez faire qu'en travaillant constamment pour mériter votre liberté.

D'un autre côté, comme vous ne devez jamais oublier les bienfaits que vous recevez de la nation, vous devez dans tous les temps lui en témoigner votre reconnoissance; et rien ne sauroit mieux la lui prouver qu'en continuant toujours, par votre travail, à faire fructifier le sol des colonies, afin d'en obtenir une grande quantité de denrées, dont le produit tournera toujours à votre avantage; et remarquez que cette manière de témoigner à la nation votre reconnoissance, sera pour vous une nouvelle source de bonheur; car, si vous négligiez, après votre liberté obtenue, de cultiver les riches denrées des colonies, alors la nation n'ayant plus d'échanges à faire avec vous, elle ne porteroit plus dans ces contrées tous les objets de nécessité et de commodité qui donnent les jouisances auxquelles vous aspirez.

Considérez, au contraire, combien de jouissances vous allez vous procurer par un travail modéré, qui, faisant produire la terre qui vous sera confiee, vous mettra à même de partager toutes les commodités des blancs, en partageant avec eux le produit de leurs terres, fructifiées par vos bras.

Ce que nous vous proposons ici est d'autant plus juste, que c'est ainsi que cela se pratique en France entre les blancs même.: quelques-uns de vous ont dû en être témoins; ils ont dû voir, en France, des hommes blancs et libres de tous les temps, travailler constamment la terre, dans nos compagnes, pour en partager ensuite les fruits avec le propriétaire. Eh! combien ne serez-vous pas plus heureux qu'eux, vous, placés sous un ciel toujours pur; vous, n'ayant point à supporter les rigueurs des hivers, avec toutes les misères et les besoins qui l'accompagnent; vous, enfin, qui cultiverez, avec la moitié moins de peine, une terre qui vous produira au centuple de celles qu'ils cultivent. Interrogez vos frères qui ont vu la France; ils vous diront que beaucoup d'eux ont mieux aimé supporter l'esclavage, dans les colonies, que de vivre libre en France; et si, changeant votre état d'esclavage dans l'état d'une liberté active, combien plus encore serez-vous heureux !

L'état de liberté et de sociabilité, avons-nous dit encore, exige des mœurs et toutes les vertus qui en dérivent. Oui, les mœurs seules consolident les liens de la société; car si, par exemple, sans respect pour les mœurs, vous subornez la femme, la fille ou la sœur de votre voisin, vous n'avez pas de raison pour qu'il ne vous en arrive autant; et de cet état de choses naîtront les jalousies, les haines, les combats, et tout ce qui divise les hommes, les familles, enfin la société entière.

Si encore, sans égard pour les bonnes mœurs, vous continuez à avoir plusieurs femmes a la fois, et que vous en ayez des enfans, il en résultera que ces femmes, jalouses les unes des autres, feront passer leurs ressentimens dans le cœur de vos enfans; ils se diviseront entr'eux, et ce qui devroit faire le charme de votre vie, en fera le plus cruel supplice. Ce n'est pas tout encore, c'est que l'exemple donné une fois, il se multiplie, et la société entière se corrompt et se dissout.

La pudeur, cette vertu si nécessaire, doit être aussi l'apanage de vos femmes et de vos filles; car si elles continuent de se montrer en public, sans être décemment couvertes, ou qu'elles soient vêtues de manière à irriter les desirs; alors, sans doute, elles seront attaquées et succomberont : delà se perpétuera un libertinage effréné, et les maladies qu'il entraine à sa suite iront attaquer et détruire vos enfans jusques dans le sein de leur mère.

Nous ne nous étendrons pas davantage sur les vices et les malheurs que produisent le manque de mœurs; la loi, qui doit tout prévoir, classera le genre de peine pour tous les vices, comme elle attachera, au contraire, des récompenses à la pratique des vertus, nécessaires à l'état de liberté et de sociabilité.

Il est des qualités secondaires, moins nécessaires que les vertus, mais qu'il est utile que vous acquerriez; c'est la manière d'être en général dans les rapports sociaux : elles se renferment dans les usages de la classe des hommes libres et policés; ces usages exigent des consommations de différens genres. Vous sentirez donc que, pour vous mettre sur la même ligne des libres, il faudra travailler, après votre liberté acquise, pour vous procurer tous les objets de luxe et de commodité qui distinguent le libre de l'esclave.

Mais comme jusqu'ici les esclaves, par l'état d'avilissement où on les a tenus, n'ont pu acquérir les qualités exigées, ainsi que les manières et les habitudes des libres, il faut donc vous les faire acquérir par un temps d'éducation, qui sera pour vous une

espèce de minorité, pendant lequel vous vous occu-
perez à gagner, par le travail et par votre bonne
conduite, votre liberté, ainsi que nous vous l'avons
expliqué plus haut.

Nous venons de vous indiquer les vertus et les
qualités que vous devez acquérir pour pouvoir être
comptés au rang de citoyen français ; nous vous
avons indiqué les moyens d'y parvenir, en vous
prouvant qu'ils étoient en votre pouvoir. Travaillez
donc, avec courage, à mériter tous les bienfaits de la
nation, et persuadez-vous bien qu'elle ne veut que
votre bonheur : elle vous en donne pour preuve com-
plette, l'abolition de tout châtiment corporel et arbitraire, auxquels elle substitue des privations et une
prolongation d'esclavage ; mais aussi, comme nous
vous l'avons déja dit, elle accordera une diminution
d'esclavage à tous ceux de vous qui feront les plus
grands efforts pour arriver à l'état de perfectibilité où
elle desire vous conduire.

Considérez quels sont présentement vos meilleurs
amis, ou de la nation qui, par tout ce que vous venez
d'entendre, veut véritablement améliorer votre sort,
en vous conduisant à la liberté, ou de ceux qui vous
ont donné les lois de sang qui vous ont régi jusqu'à
ce moment ; comparez les loix de la république à
celles de l'ancien régime, et connoissez enfin l'humanité des premières, et la rigueur des secondes.

Oh ! combien vous avez été égarés par ces hommes perfides, qui ont placé dans vos mains les
torches et les poignards, pour rétablir l'ancien ordre
de choses à force de crimes ! Insensés que vous êtes,
comment n'avez-vous pas vu que vous ne feriez
qu'aggraver votre sort en rétablissant l'ancien ordre
de choses, et que vos plus cruels ennemis étoient ces
hommes qui vous ont porté à vous révolter contre
vos vrais libérateurs ! Que vous ont-ils promis, eux,
ces hommes de sang, pour tous les forfaits qu'ils

vous ont fait commettre ? La liberté ? Avez-vous pu
croire à la générosité de scélérats qui vous enga-
geoient à tout incendier et à tout détruire ? Eh !
que ne vous la donnoient-ils, cette liberté , sans
vous faire commettre tant de crimes. Mais quand la
consommation de leurs projets perfides eût pu vous
conduire à la liberté , quelle eût été cette liberté
acquise par le crime et dans un pays couvert de
cendres et arrosé de votre sang ? Une pareille liberté
vous présente-t-elle les mêmes jouissances que celles
que vous pouvez acquérir par la vertu , et par un
travail qui vous ménera à goûter tous les délices
que peut procurer un sol riche et bien cultivé?

Des perfides vous ont trompés ; vous ne devez
plus garder envers eux aucune espèce de ménagement , et vous devez à la générosité de la nation
de les lui dénoncer , afin qu'une prompte justice
mette un terme à leur méchanceté.

La nation française , qui vient de vous parler par
notre organe , est trop grande et trop généreuse pour
que vous puissiez douter de ses bonnes intentions à
votre égard ; et si quelques malveillans cherchoient
à vous en faire douter, nous vous dirions de consi-
dérer ce qu'elle vient de faire en faveur des hommes
libres de couleur.

Mais , semblable à une tendre mère , la nation
saura châtier ceux de ses enfans qui se refuseroient
à ses sollicitudes , pour n'écouter que la voie du
vice. Un code de lois va vous être donné ; la justice , l'humanité et le desir de vous rendre heureux ,
l'ont dicté. Si chaque vice y trouve son châtiment ,
chaque vertu y trouvera sa récompense. Ainsi, ces
lois, comme nous vous l'avons déjà dit , n'auront ni
la dureté ni l'arbitraire de celles qui vous ont régis
jusqu'à ce jour. En les comparant , vous trouverez
que les anciennes furent dictées et maintenues par
des tyrans altérés de vos sueurs et de votre sang ; et

celles que nous vous apportons', par des frères vos
aînés, qui ne' veulent que le bonheur de la grande
famille.

Mais aussi malheur à vous si, continuant à suivre
les conseils perfides qui vous ont égarés, vous refu-
sez d'obéir aux lois douces et humaines que la nation vous donne ; alors, déployant toutes ses forces
contre votre rébellion, elle exterminera jusqu'au
dernier de vous. Sans doute vous n'avez pas conçu
le sot orgueil de pouvoir résister à la puissance nationale ; car, en contemplant les forces qu'elle dé-
ploie ici, vous seriez bientôt revenu de votre erreur,
en apprenant qu'elle peut les porter encoe, dans
un besoin, à mille fois plus haut.

Obéissez donc promptement à des lois faites pour
votre bonheur, ou le châtiment le plus terrible suivra de près votre refus.

Ceux qui connoissent parfaitement les colonies,
sentiront comme moi, que si jamais la proclamation
qu'on vient de lire étoit faite aux esclaves, il faudroit nécessairement leur expliquer dans leur langue ;
mais comme mon intention, en la composant, étoit
seulement de l'adresser à nos législateurs, comme le
type d'un code de lois propre à améliorer le sort des
noirs dans nos colonies, à former leur raison, à
leur donner des moeurs, à les mener enfin à une liberté utile et laborieuse, j'ai dû la présenter dans la
forme où elle est.

Les esclaves des colonies pouvant être considérés
comme de grands enfans dont les facultés morales et
intellectuelles, loin d'avoir été cultivées, ont été,
au contraire, dégradées par l'avilissement de leur
état, il faut que la loi, en les tenant encore dans
une espèce de tutelle, leur fasse employer ce temps

à réparer cette dégradation ; et on y parviendra sûrement, si la loi s'attache à punir les fautes qui tiennent à l'esclavage, et qu'elle récompense les esclaves dans toutes les occasions où ils agiront dans le sens de la loi. Si, à ce moyen, la loi ajoute encore celui de faire prendre aux esclaves le goût pour nos consommations et nos jouissances, et qu'elle les mette à même d'avoir une petite propriété indépendante du caprice de leurs maîtres, alors on sera assuré pour toujours de ses propriétés et de la tranquillité dans les colonies.

Tels sont les moyens que j'ai cru propres à sauver nos colonies et les propriétés qu'elles contiennent. Si quelqu'un en a de meilleurs, qu'il les présente, il en est temps, car plus tard, je doute qu'aucun puisse être employé.

Le citoyen Page, colon de Saint-Domingue, vient bien de faire paroître un ouvrage: *Sur la cause, les désastres de la partie française de Saint-Domingue*, etc. etc. Mais indépendamment qu'il n'indique aucun moyen pour les appaiser, et pour rendre à la colonie la paix et sa prospérité, il se trompe souvent sur les véritables causes de ses troubles.

Il confond les événemens, et montre encore beaucoup de partialité, pour ne pas dire plus, contre les petits blancs et les hommes de couleur ; tandis que tout ressentiment doit se taire, pour ne s'occuper que du salut de la colonie. Je me bornerai ici à relever, sans fiel, quelques erreurs de M. Page, et à lui prouver qu'il n'a pas toujours remonté aux premières causes des troubles. Par exemple, il ne parle point d'une des premières, je veux parler du massacre de Ferrand de Beaudiere, qui ne fut occasionné que par cette fameuse lettre des députés de Saint-Domingue, en date du 12 août 1789, comme je l'ai prouvé dans ma brochure, intitulée :

intitulée : *Origine des troubles de Saint - Domingue.*
M. Page passe ensuite très - légérement sur tous
les troubles entre les blancs seuls, qui ont commencé avec l'assemblée de Saint - Marc, pour en venir, page 8, à ce qu'il appelle la révolte des hommes
de couleur et négres libres. Et il ne dit pas qu'a-
vant que ces hommes paisibles eussent fait aucun
mouvement, ils avoient été menacés, vexés et égorgés ; d'abord au petit Goave, après l'affaire du malheureux Ferrand, en septembre 1789, quinze jours
après à Aquin, où 25 blancs furent, dans une nuit,
chez trois des plus riches citoyens de couleur, et
dont l'un d'eux, vieillard de 70 ans, seul dans sa
maison, fut atteint par trois balles, de 25 coup de
fusil, qui furent tiré sur lui presqu'à bout touchant.

Il ne dit pas, M. Page, tout ce qu'ils éprouvèrent dans
les quartiers de la colonie, et qu'on en étoit venu
à les chasser comme des bêtes fauves. Tout cela,
parce que la députation de Saint - Domingue à
l'assemblée constituante avoit dit, dans sa Jettre
du 12 août, de se méfier des hommes de couleur.

Il ne dit pas encore, M. Page, que les choses en
étoient venues à ce point, qu'un colon avoit proposé,
dans une brochure imprimée à S.-Domingue, d'égorger tous les hommes de couleur, pour distribuer
ensuite leur bien aux blancs qui n'avoient point de
propriétés. Voilà par quel moyen cependant les contre révolutionnaires étoient parvenus à faire envisa-
ger aux citoyens de couleur la révolution comme
désastreuse pour eux, et à les faire entrer dans le
parti des agens de la cour, qui paroissoient les protéger pour mieux les egarer.

M. Page parle ensuite du malheureux Ogé, comme
une victime des ennemis de la révolution. et comme
un agent direct des contre-révolutionnaires, portant dans son pays tous les feux de la guerre. J'ai

C

connu Ogé ici, et j'appelle à témoins tous ceux qui l'ont connu comme moi, qu'il n'eut jamais d'autres intentions que d'aller porter lui-même à ses freres le décret du 28 mars 1790, et réclamer l'exécution à la lettre de l'article 4 des instructions qui suivirent ce décret. La conduite qu'Ogé tint à son arrivée à Saint-Domingue le prouve assez ; il réclama d'abord l'exécution de l'article 4, que les colons vouloient interpréter. Il annonça que jamais il n'avoit eu l'intention de soulever les esclaves, ni de les faire entrer dans sa cause. Il n'en fut pas de même des blancs, vous le savez, car ils armèrent les esclaves contre lui et ses frères du Cap, et des récompenses furent promises à ceux qui porteroient des têtes d'hommes de couleur, etc., etc.

M. Page n'a pas mis encore au nombre des causes des troubles de Saint-Domingue, cette quantité de blancs sans aveu, que les contre-révolutionnaires colons qui étoient à Paris faisoient passer dans les colonies, pour y porter les troubles et y faire des pillage. Il sait cependant, M. Page, que ces blancs fourmilloient dans la colonie, et qu'ils étoient payés jusqu'à deux goardes par jour pour commettre leurs brigandages.

M. Page donne ensuite beaucoup de détails des événemens, et en indique bien quelques causes, mais il ne remonte pas aux premières, qui partoient, comme je l'ai dit, des intrigans de l'assemblée constituante et de quelques contre-révolutionnaires de l'hôtel de Massiac. Enfin, tout cela devient inutile à discuter aujourd'hui ; tout doit être oublié, pour ne s'occuper qu'à réparer le mal. Au reste, ce n'est pas quand les flammes dévorent un édifice, qu'on doit s'occuper de savoir comment le feu y a été mis. Il faut d'abord éteindre l'incendie, et tous les intéressés doivent travailler pour y parvenir, sauf à punit ensuite les coupables. Que tous les colons se réunissent donc pour chercher et proposer les moyens les plus sûrs, pour sauver les colonies et conserver leurs propriétés.

On doit sur-tout craindre que nos ennemis, aidés par des émigrés contre-révolutionnaires, profitent de l'insurrection de nos esclaves, et de l'état de guerre où ils sont pour les former en corps de troupes réglées, avec lesquelles ils acheveroient la ruine totale de la colonie. Si les colons réfléchissoient encore à tout le mal que peuvent faire, pendant la guerre, les corsaires qui essayeroient des enlèvemens d'esclaves, et à l'insurrection qu'ils pourroient porter parmi eux dans les quartiers les plus tranquilles, ils s'empresseroient à porter tous leurs soins à les prévenir.

P. S. MM. Brulay et Page, dans une brochure qu'ils viennent de faire paroître, se plaignent de ce que M. Santhonax accorde une préférence marquée aux citoyens de couleur. Ils vont jusqu'à lui reprocher, comme une injustice, d'avoir composé la commission intermédiaire, qui a remplacé l'assemblée coloniale, d'un égal nombre de citoyens de couleur et de blancs, parce que, disent-ils, M. Santhonax ne pouvoit encore savoir si la population des citoyens le couleur étoit égale à celle des blancs.

Je demanderai d'abord à à ces messieurs, en quoi ils font consister la préférence dont ils se plaignent; si c'est dans quelques places subalternes données à quelques citoyens de couleur, et cinq à six brevets de sous-lieutenance dans la troupe de ligne (car voilà tout ce qu'ils ont obtenu jusqu'à ce jour). Si c'est en cela, je leur répondrai qu'un plus grand nombre de blancs a été pourvu des premières places, et qu'enfin les blancs sont encore à la tête du gouvernement.

Si c'est de la confiance que M. Santhonax accorde aux citoyens de couleur dont ces MM. se plaignent, alors c'est faire l'éloge, et du commissaire civil et des citoyens de couleur; car s'il leur accorde une grande confiance, c'est qu'il les voit pénétrés des principes de notre révolution, et qu'ils en doivent être les soutiens dans cette partie de l'empire ; c'est que l'expérience lui a prouvé que ces hommes qu'on a tant calomnié, étoient les vrais défenseurs de la colonie et des propriétés; qu'ils en ont donné plusieurs fois des preuves, notamment après l'affaire malheureuse du 2 décembre dernier. (1).

Quant au reproche fait à M. Santhonax sur la composition de la commission intermédiaire, je répondrai affirmativement à MM Page et Brulay, que la population des citoyens de couleur est au moins égale à celle des blancs, si elle ne la surpasse : je l'ai prouvé plusieurs fois à l'assemblée constituante, par mes écrits et de vive voix, et j'ai appuyé mes preuves sur les reensemens fournis dans la colonie, et sur lesquels la population a été connue.

Eh ! messieurs, plus de dispute, plus de récrimination, et sur-tout plus d'indépendance ; restons attachés à la France. Au nom de l'humanité et de la patrie, ne nous occupons plus que des moyens de sauver la colonie et de conserver les restes des propriétés.

(1) Lisez les lettres de Pinchinat et François Raymond, insérées dans le Patriote Français du dimanche 10 février.

DE L'IMPRIMERIE DES PATRIOTES,
rue Favart, n°. 3.

L'UNION AMÉRICAINE

Produit par la Liberté Française,
Par la Cne Dubois.

Air : je suis le Maître de Choisir

Chez le Cr Coulubrier Cloître St Germain l'Auxer

Réjouissons nous a méricain de ce Décret si

salutaire ha nous le sentons tous enfin ils nous re ti re

de la misère ils nous re tire de la mise re es-

clave pauvre infortuné nous voila mis en Liberté pour

nous elle comen ce a paroitre amis pour bien nous

l'assuré ils nous falloit ils nous fal-

loit ce Décret de nos manda tai re ce

De cret de nos manda tai re ce Décret

de nos man da tai re.

Quel tyrannie l'on exerçait
Sur nous avant notre naissance
L'homme riche nous achetoient
Et nous prenoits des notre Enfance   (Bis)
De pères et mères toujours privé,
Nous ne pouvions en outre aime.
Nous ne vivions que d'esclavage
Pour connaitre la Liberté
Ils nous faloit (Bis) ce Décret sage (Bis)

3

Nous jouirons de tous nos droits
Le voil est enfin déchirée
Des conducteurs barbare et froids
Nous ne seront plus maltraitée   (Bis.)
Nous chérirons la Liberté
L'Egalité . Fraternité .
Nous ne voulons plus d'Esclavage
Peur connaitre la Liberté
Ils nous falloit (Bis) ce Décret Sage (Bis)

4

Ô mon Epouse O mon amie
Je vivré avec toi sans crainte
De te voir a mes yeux vivre
Même souvent étant en ceinte   (Bis)
Nos Enfants nous faut élevé
Dans l'Amour de la Liberté
Pour la Patrie pour la deffendre
Cher amie pour nous l'assuré
Ils nous falloit (Bis) ce Decret tendre (Bis)

5

Salut a vous Républicains
Qu'abité la Ste Montagne
Ainsi que vous bons Jacobins
Vous nous faites voir ce que l'on gagne (Bis)
Nous deffenderons la Patrie
Oui c'est le coeu de tous les Noires
Et les Créollesau Blancs unis
Remporterons (Bis) toujours victoires   (Bis)

HYMNE

Des Citoyens de Couleurs.

Par la Citoyenne Corbin, Créole et République.

Air : des Marseillais.

Di-vi-ni-té de la pa-tri e, Raison et

Sain-te Liber-té Soeurs im-mor tel les-du Gé-

nie compa-gnes de la Liber-té compa-gnes de la

Liberté Prê-tés nous vos accens su-bli-mes

Di-gnes des appuis de nos Droits, Des Res-

tau-ra teurs de nos Loix, Des tyrans augus-te

vic ti mes Li-ber-té, Liber-té Rai-son et

véri-té dai-gnés dai-gnés sourire

aux voeux de la Fraterni-té

2

Peuple libre vient en ce temple,
Sur ces Héros jetté des fleurs,
Que ton oeil attendri contemple
tes amis et tes bienfaiteurs ...... (bis)
Sur la fin de leurs existence
Naie pas de regrets superflus
Qu'and on périt pour ses Vertus
On vit par la reconnaissance
 Liberté, Liberté
 Raison et Vérité
 Venez, venez
Conduisés les à l'immortalité.

3.

Des fers honteux de l'esclavage
Ils ont affranchi leur pays
Le Despotisme dans sa rage
Les immola sur ses débris..... (bis)
Mais en sacrifiant leur vie,
Calmes au milieu des tourmens.
Ils n'ont souffert en ces moments
Que sur les maux de leur patrie
 Terrible vérité
 Raison et Liberté
 Vengés, vengés
Les droits de l'homme et de l'égalité.

DISCOURS, de la Citoyenne LUCIDOR, F. CORBIN, Créole, Républicaine,

Prononcée par elle même au Temple de la Raison, l'an 2e. de la Liberté

Peuples Francais, le grand jour est arrivé
le talisman de la féodalité est enfin brisé
la Liberté, l'Egalité, règne sur notre Emis-
phere, toutes nos peines sont terminés,
le précieux Décret rendue par nos législateurs nous m'est égaux à tous les autres
hommes, nous sommes réunis par les liens
de la fraternité, nos chaines sont brisée
pour ne jamais les reprendre; Oui, nous le
jurons devant notre Déesse de la Liberté
que nous ne suiverons jamais d'autres
principes que ceux de Marat qui fut sacrifié par un monstre du despotisme:
O! Marat, que n'est tu présent dans ce
jour quel joye brilleroit dans ton Coeur
et dans tes yeux.
Mais homme chérie de ton vivant com-

e après la mort, soit assuré que nos
eurs sont autant d'Autels que nous con-
erverons à tes vertus, Ce fut toi, qui par
s écrits nous inspira le saint amour de
Liberté, dont nous te conserverons tou
urs un éternel reconnaissance,

Et toi Ogée, homme libre de Couleurs,
otre frere et amie qui porta ce Decret du
5 Mai 1790. et qui est mort premiere vic-
ime assassiné par l'aristocratie dans nos
les. recoit les faibles hommages de notre
reconnaissance.

Francais quel plus beau jour pour nous
le déployé ce Symbole de la réunion des trois
euples entre les quels l'insolante aristocra-
ie avoit tracé une ligne de démarcation.
nais elle est enfin brisé ainsi que nos
haines que nous métons sous nos pieds
et nous jurons encore de déffendre la Li-
erté, l'Egalité et soutenir la Républi-
ne une et indivisible.

a Paris chez Coulubrier, Cloître St Germain de
l'Auxerrois, Section du Muséum au passage
our aller au Louvre.

LETTRE

D'UN COLON

DE SAINT-DOMINGUE.

LETTRE

D'UN COLON

DE SAINT-DOMINGUE,

A UN DE SES AMIS.

Paris, 17 *Thermidor*, *An* 4e.

VOUS me demandez, mon cher ami, quel est le parti que nous avons à prendre pour arriver à la fin de nos maux. Je n'hésite pas à vous le dire; nous y touchons, si nous le voulons; oui, je vous le répète, il dépend absolument de nous de voir finir nos peines, et de commencer à réparer nos pertes.

Écoutez-moi, et disposé comme vous l'êtes à faire tous les sacrifices que le bien public exigera de vous, je ne doute nullement que vous ne fassiez celui d'un préjugé qui n'a plus aujourd'hui ni raison

A

ni excuse, et d'un ressentiment qui ne
sert qu'à prolonger nos infortunes, et avec
elles les désastres de Saint-Domingue.

De grandes plaies ont été faites à cette
colonie. Pour être juste, il ne faut en
accuser personne, il faut les regarder
comme une suite inséparable du développement que la révolution française a
donné aux grands principes qui consti-
tuent la dignité de l'espèce humaine. Ce
développement a rencontré de plus grands
obstacles dans les colonies qu'en France,
et voilà aussi pourquoi les colonies ont
plus souffert de la révolution qu'aucune
autre partie de l'empire français.

Quelle est la véritable cause de nos
maux ? ayons le courage de nous l'avouer
à nous mêmes : c'est la fausse opinion
où nous avons été pendant long-tems,
que les colonies ne pouvaient pas subsister sans l'esclavage. De-là nos guerres
civiles : guerre avec les esclaves, que
nous traitions de rébelles, parce que
nous étions accoutumés à regarder l'es-

clavage comme un droit ; guerre avec les
hommes de couleur libres , à qui nous
refusions l'égalité politique , parce qu'un
intermédiaire entre le colon blanc et
l'esclave nous paraissait nécessaire au
maintien de l'esclavage.

Tels étaient nos préjugés , et il faut
convenir qu'une sorte de fatalité semblait , pour notre malheur , légitimer
notre aveuglement : car ceux - là mêmes
qui nous en ont fait un crime , l'ont
partagé pendant un tems avec nous.

Ainsi Saint-Domingue était le théâtre
d'une double guerre civile dont le caractère offre une singularité remarquable :
c'est que tous les partis étaient fondés
à prendre les armes. Les esclaves et les
hommes de couleur libres avaient pour
eux les droits sacrés et imprescriptibles
de l'homme ; les colons blancs s'ap-
puyaient sur une habitude que fortifiait
la différence des localités , que la politique paraissait commander , et dont le
pouvoir avait presque naturalisé aux

yeux mêmes des Européens l'infraction faite au premier droit de l'homme , puisqu'en condamnant l'esclavage , la France aidait les colons à remettre leurs esclaves sous le joug.

Mais qu'est-il arrivé? qu'un conflit inattendu de pouvoir a subitement amené l'une des plus terribles catastrophes qu'on ait jamais vues , et cette catastrophe a fait éclore d'un seul coup ce que les plus zélés philantropes n'avaient cru possible que par dégrés , l'abolition de l'esclavage dans les colonies.

Il fallait cette secousse pour changer nos idées : il fallait que l'esclavage des noirs fût aboli , pour que nous en reconnussions l'inutilité. C'est ainsi que nous avons reconnu l'inutilité du préjugé de la couleur dès l'instant que la loi du 4 avril a été rendue. Tant il est vrai qu'il ne faut jamais raisonner avec les préjugés !

L'esclavage des noirs nous semblait nécessaire , parce que la manie de l'orgueil et de l'intérêt nous faisait mettre sur le compte de leur organisation particulière ce qui était purement l'effet de la servitude sous laquelle nos anciennes lois les tenaient courbés Nous nous trompions bien cruellement pour eux et bien péniblement pour nous. Une expérience rapide nous apprend que leurs facultés morales se développent avec la plus grande énergie : déjà ils nous égalent en vertus, et dans peu d'années ils auront acquis par l'instruction ce qui leur manque du côté des talens et des connaissances.

L'homme est donc le même par-tout où il est libre, par-tout où il n'est point ravalé par d'injustes préjugés. O mon cher, quelle joie pour nous de retrouver des hommes , des frères , des amis , là où un régime barbare et contre nature ne nous laissait voir que des troupeaux de tigres jour et nuit altérés de notre sang !

Abjurons donc pour jamais de trop fatales erreurs. Jettons-nous dans les bras

A 3

de nos nouveaux concitoyens. Formons
avec eux, et avec ceux dans les veines
de qui notre sang se mêle au sang africain, un triple lien que le démon de la
discorde désespère de rompre. Il sera beau
d'offrir à l'univers le spectacle d'une famille aussi intéressante par son union,
que par les différentes teintes que la nature a répandues sur les membres qui la
composent. Effaçons jusqu'aux moindres
traces de ces démélés sanglans qui ont déchiré la plus belle des colonies. Que
l'histoire elle-même oublie que nous
fûmes ennemis, ou, si ses pages rap-
pellent nos absurdes divisions, qu'en la
lisant on ne puisse pas croire ce qu'elle
en racontera aux races futures. Confon-
dons toutes nos vaines distinctions sous
le titre glorieux de *Citoyens Français*
Unissons nos forces pour repousser de
notre isle nos véritables, nos implacables
ennemis, les artisans cachés de nos maux,
ces féroces Anglais, dont la sombre politique jalouse la prospérité de toutes les

nations , et dont la dévorante ambition voudrait envahir à force de destruction le commerce du monde entier. Unissons en même - tems nos travaux , pour faire renaître nos riches cultures des cendres qui couvrent le sol le plus féoond , et pour relever sur leurs ruines ces bâti- mens somptueusement utiles , qui pré- sentaient dans le nouveau monde aux re- gards de l'Européen étonné l'agriculture coloniale dans toute sa splendeur. Nos anciens cultivateurs sont prêts à nous prou- ver que l'amour de la patrie , ce mobile de l'homme libre , substitué à une crainte servile , est un aiguillon bien plus puis- sant pour les exciter au travail , que tout cet appareil de terreur dont les environ- nait le stupide système de l'esclavage. En un mot , laissons faire la liberté , l'éga- lité ; elles portent avec elles le remède aux maux qu'elles causent. Embrassons sincèrement leur culte , et bientôt Saint- Domingue devenu tout français versera au sein de sa métropole des trésors inconnus aux plus beaux jours de l'ancien régime.

Sur toutes choses , mon cher , rallions-nous fortement aux autorités qu'un gouvernement aussi sage que bien intentionné a créées pour notre colonie. Je vois bien ce qui vous retient : c'est le nom de *Sonthonax*. Eh quoi seriez - vous donc assez peu philosophe pour ne pas savoir apprécier l'ascendant d'une révolution , ou assez peu généreux pour ne pas avoir la force d'immoler vos ressentimens au bien de la patrie ? Ignoreriez - vous que le tourbillon révolutionnaire maîtrise les évènemens , et entraîne quelquefois malgré lui aux plus fortes détonations politiques l'administrateur le plus sage et le plus modéré ? A la vue des coups portés à notre caste par *Sonthonax* dans les tems postérieurs de sa première mission , je l'ai cru coupable , et je me suis rendu son accusateur. Il faut vous l'avouer : le sentiment de l'injustice que mes ennemis lui avaient fait commettre envers moi ,

ne me disposait que trop à le juger dé-
favorablement. La pointe de mon malheur
s'est émoussée avec le tems, et le calme
rendu à mon esprit m'a permis de réfléchir. Je me suis dit : *Sonthonax* est tombé
à mon égard dans une bien grande erreur ;
pourquoi ne me tromperais-je pas aussi
sur son compte ? Cette seule réflexion
m'a conduit à l'état d'impartialité où je
suis. Dégagé de toute personnalité , de
tout esprit de parti, je ne vois plus dans
Sonthonax l'homme qui m'a déporté ; j'y
vois l'homme qui a fait faire un grand
pas à la révolution dans l'autre hémisphère. Un tel homme ne peut qu'être
l'ami de la France , berceau et foyer de
cette révolution : et en effet vous êtes
forcé de convenir , d'après les dernières
nouvelles, que les Anglais , dont on le
disait l'agent et le coopérateur , n'ont
pas d'ennemi plns déterminé que lui.
Dès-lors qu'importent les torts qu'il peut
avoir envers quelques individus , s'il n'en
a point envers la patrie ? n'envisageons

qu'elle, mon cher ; n'ayons plus qu'une
seule passion, celle de faire triompher
notre mère commune de tous ses ennemis,
et regardons comme nos amis tous ceux
qui nous aideront dans cette noble entre-
prise. *Sonthonax* veut - il la gloire, le
bonheur de la France ? De cela seul il est
notre homme, et nous devons nous ranger
autour de lui. Belle question que celle
de savoir lequel des différens partis
qui ont bouleversé Saint - Domingue,
est le seul coupable, ou le premier
coupable, ou le plus coupable ! Eh que
faisons - nous autre chose, pendant que
nous agitons cette question insipide,
qu'attiser de plus en plus le feu de nos
haines et de nos dissentions ? Étouffons,
il en est tems, toutes ces abominables
querelles, et pour que notre retour à des
sentimens de paix et de réconciliation
soit bien prononcé, commençons par faire
le sacrifice de celui de tous nos ressentimens qni nous coûte le plus à éteindre,
En agissant de concert avec *Sonthonax*

pour le rétablissement de Saint-Domingue,
nous nous vengerons bien mieux des
injures du sort qui nous a si cruellement
poursuivis, que nous ne le pourrions par
l'opiniâtreté la plus invincible à faire retentir l'univers de nos plaintes. C'est la
seule vengeance qui convienne à des
hommes sensés. Quand un ouragan furieux
imprime à nos climats ses affreux ravages,
nous sommes tentés d'accuser la nature
d'être devenue marâtre envers ses enfans ;
mais, après ces jours de deuil et d'effroi,
se montre-t-elle plus libérale envers nous ?
nos murmures font place à la reconnaissance, et nous ne songeons plus qu'à jouir
de ses bienfaits.

Il me reste à vous donner un dernier
conseil, mon cher ami : c'est de vous rapprocher de la députation de Saint Domingue : en la voyant, vous sentirez,
comme moi, le reste de vos préjugés
s'évanouir, et une douce confiance, avant-
coureur d'une réunion parfaite, amortira
chez vous cette haine machinale qu'on porte

à ceux que l'on ne connaît pas, lorsqu'on croit y trouver des ennemis.

Je vous ai ouvert mon cœur sans réserve. Mes conseils ne sauraient vous être suspects : ce sont ceux d'un colon créole et propriétaire, doublement intéressé au salut de son pays. Heureux, si je réussis à fixer vos irrésolutions !

Adieu. Souvenez-vous, au reste, qu'on uous a accusés de viser à rendre notre colonie indépendante : projet absurde projet qui, s'il a jamais existé, n'a pu tomber que dans la tête de quelques insensés ; projet perfide, dont l'exécution, si elle était possible, tendrait à nous rendre plus que jamais dépendans, non pas de la France, mais bien de l'Angleterre, qui ne manquerait pas de nous asservir dès que nous serions livrés à nous-mêmes Montrons-nous de vrais français en secondant les efforts de ceux que le gouvernement a envoyes à Saint-Domingue pour rattacher cette colonie à la France. C'est le plus sûr moyen de faire tomber pour toujours cette odieuse imputation, qui a été entre les mains de nos ennemis l'arme la plus dangereuse, parce qu'elle était empoisonnée avec tout l'art que l'animosité sait donner à l'esprit de parti. Adieu derechef.

Tout à vous.

Signé, LARCHEVESQUE-THIBAUD.

De l'Imprimerie de Ch. DESBRIERE, rue et place Ste.-Croix, Chaussée d'Antin.

EXTRAIT

DU RAPPORT

Adressé au Directoire exécutif par le citoyen TOUSSAINT LOUVERTURE, général en chef des Forces de la République française à Saint-Domingue.

PREMIERE CONFÉRENCE.

Entre le commissaire SONTHONAX et le général TOUSSAINT LOUVER-TURE, relative au dessein du premier de déclarer la Colonie de Saint-Do-mingue indépendante de la France, et d'égorger tous les Européens.

VERS la fin du mois de Frimaire ou au commencement de Nivôse dernier, m'étant rendu au Cap, je me présentai comme de coutume chez le commissaire Sonthonax ; celui-ci, après les complimens d'usage, fit retirer tout le monde de son cabinet, et lorsque j'y fus resté seul avec lui, Sonthonax me fit les propositions suivantes.

Pour présenter cet entretien à mes conci-

A

toyens avec plus de précision et d'ordre, et afin de ne rien omettre de tout ce qui fut dit, j'ai adopté la forme d'un Dialogue, parce que les questions qui me furent faites s'étant profondément gravées dans ma mémoire, j'espère, suivant cette méthode, ne rien oublier, et rendre pour ainsi dire mon gouvernement et mes concitoyens présens à cette conférence.

Je me suis attaché à transmettre à mon gouvernement et à mes concitoyens, non-seulement le sens des propositions qui me furent faites, mais les mêmes expressions, les mêmes paroles et l'enchaînement dans lequel les questions et les réponses furent faites.

Le commissaire SONTHONAX.

Avez-vous confiance en moi : m'aimez-vous ?

Le général TOUSSAINT.

Oui, commissaire, j'ai confiance en vous, je vous aime et je vous respecte.

Le commissaire SONTHONAX.

Si vous m'aimez, si vous vous aimez vous-même et vos frères, il y a un moyen bien simple d'assurer votre existence.

Le général TOUSSAINT.

Quel moyen ?

Le commissaire SONTHONAX.

C'est celui de nous déclarer indépendans de la France. Qu'en pensez-vous ? Voila mon projet.

Le général TOUSSAINT.

(Étonné et embarrassé). C'est bien fort... mais donnez-moi quelque temps pour réfléchir, avant de vous répondre.

Le commissaire SONTHONAX.

C'est bon , c'est bon , je suis sûr que vous le trouverez bon ; je connais vos principes ; je sais combien vous êtes attaché à la liberté (nous étions assis ; il me dit approchez-vous un peu, je ne vous entends pas bien , approchez-vous un peu). Etes-vous sûr de tous vos officiers et de tous vos soldats ; vous sont-ils bien attachés ?

Ls général TOUSSAINT.

J'en suis bien sûr , ils m'aiment tous.

Le commissaire SONTHONAX.

C'est bon.

Cette conversation fut interrompue pour parler d'autres affaires, après quoi nous nous quittâmes ; je saluai le commissaire , et je me rendis chez moi pour méditer sur le projet qu'il venait de me proposer. Sonthonax m'invita à dîner , je lui promis de dîner avec lui ; il m'envoya un aide de camp long-temps avant l'heure du dîner, pour me rendre auprès de lui ; je le trouvai dans son cabinet , seul ; il me fit approcher très-près de lui, me prit affectueusement la main et recommença la conversation.

Le commissaire SONTHONAX.

Soyez persnadé, mon ami, que je vous aime infiniment , que je vous regarde comme le sauveur de la Colonie. Dites-moi là franchement ce que vous pensez.

Le général TOUSSAINT.

Commissaire, expliquez-vous auparavant, pensez-vous que la France veuille revenir sur la liberté ? Avez-vous des craintes à cet égard ?

Le commissaire SONTHONAX.

Non pas peut-être à présent , mais je sais comment les colons sont à remuer en France. Savez-vous que c'est moi seul qui ai combattu les colons en France; que sans moi vous étiez perdus ? Vous devez avoir la plus entière confiance en moi: Quand je vous dis quelque chose, il faut me croire; je suis vrai; je vous dirai toujours la vérité.

Le général TOUSSAINT.

Commissaire, dites-moi si vous avez reçu quelques nouvelles sur ce qui se passe en France , si vous avez des craintes sur notre liberté. Ce que vous me laissez entendre n'est pas assez clair.

Le commissaire SONTHONAX.

Il n'y a rien , si ce n'est que les colons travaillent toujours contre votre liberté, et pour éviter tout danger , il faut nous rendre indépendans, vous n'aurez alors plus rien à craindre.

Le général TOUSSAINT.

La France n'a-t-elle pas décrété la liberté générale ? Est-ce qu'elle peut revenir sur ses décrets? La constitution ne nous assure-t-elle pas nos droits ?

Le commissaire SONTHONAX.

La France les a bien décrétés , mais les colons sont là, et je vous dis que vous n'aurez plus rien à craindre quand nous serons indépendans.

Le général TOUSSAINT.

Commissaire , je crois que ce n'est pas possible.

Le commissaire SONTHONAX.

Vous ne voulez pas ? ... Ce n'est pas pour
moi que je parle, c'est pour vous même, c'est
pour les noirs.

Le général TOUSSAINT.

Comment voulez-vous que moi, chef noir,
qui ai reçu des bienfaits de la France, qui y ai
des enfans qui sont élevés par la République,
moi qui ai été nommé, par le directoire,
général de brigade, et confirmé par lui dans
le grade de général de division, j'aille trahir
mon gouvernement ?

Le commissaire SONTHONAX.

C'est moi qui suis le fondateur de la liberté;
c'est moi qui suis le seul soutien des noirs ;
c'est moi qui les ai défendus contre les colons ;
vous devez vous en rapporter à moi. Sans
moi la liberté n'auroit pas été proclamée ; je
suis votre véritable, votre seul ami, vous
devez m'en croire.

Le général TOUSSAINT.

Il y a donc quelque chose que vous ne me
dites pas ; si on menace notre liberté, aver-
tissez-moi. Alors, peut-être, je changerai
d'opinion; mais vous ne me dites rien.

Le commissaire SONTHONAX.

Tôt ou tard les colons vont vous faire
succomber.

Le général TOUSSAINT.

J'aimerais mieux voir plutôt qu'entendre,
mais ce sont des suppositions que vous faites ;
malgré les colons, la République a décrété
la liberté, et puis elle ne s'effraie pas du

bruit. Ne vous rappelez-vous pas de ce que je vous répondis à votre arrivée, lorsque vous me demandâtes pourquoi je ne m'étais pas rendu à vous dans le temps que je commençais à combattre pour ma liberté; je vous répondis alors que je n'avais pas de confiance en vous, parce que je ne vous connoissais pas.

Le commissaire SONTHONAX.

Il fallait dans le temps que je prisse des précautions pour arriver à la liberté, parce que sans cela on m'aurait égorgé.

Le général TOUSSAINT.

Si en arrivant ici vous aviez proclamé la liberté générale, nous nous serions réunis à vous; mais rappelez-vous que vous avez juré au contraire, en face de l'Etre Suprême, l'esclavage éternel; et que d'après cela nous ne pouvions avoir confiance en vous.

Le commissaire SONTHONAX.

Mais, vous l'avez maintenant ?

Le général TOUSSAINT-

Oui, commissaire, mais il faut vous bien conduire.

Le commissaire SONTHONAX.

Je vous promets que cela ira bien tant que nous serons d'accord. Nous devons être les chefs suprêmes de la Colonie.

Le général TOUSSAINT.

Que voulez-vous dire ?

Le commissaire SONTHONAX.

C'est-à-dire, que nous serons les maîtres; vous aurez toute la force armée, et moi je serai votre conseil; je vous dirigerai.

Le général Toussaint.

Commissaire , ne parlons plus d'indépendance , ce mot là me fait frémir sortant de votre bouche : vous qui êtes le représentant de la France chargé de la confiance de la République , dont vous devez soutenir les intérêts. D'ailleurs , comment voulez-vous que nous puissions nous soutenir ?

Le commissaire Sonthonax.

Nous soutenir.... La France n'a point de marine , vous voyez qu'elle ne vous envoie rien ; elle sera obligée de faire comme l'Angleterre envers les Etats-Unis. La France et toutes les nations seront fort heureuses de pouvoir venir faire le commerce à Saint-Domingue, et le pays deviendra plus florissant.

Le général Toussaint.

Commissaire, je ne travaille pas pour mes intérêts; je veux que nous soyons tous libres, la France l'a voulu aussi, ainsi nous devons y être attachés.

Le commissaire Sonthonax.

Mais votre liberté est bien plus assurée par l'indépendance , alors elle ne dépendra plus de personne. Vous serez maître.

Le général Toussaint.

Est-il possible, commissaire, qu'un homme comme vous , rempli d'esprit , puisse parler comme vous le faites? Ne voyez-vous pas que toutes les puissances de l'Europe veulent l'esclavage ? La France seule veut la liberté. Si nous avions le malheur de nous rendre indépendans , la France ne dirait peut-être rien pour le moment; mais voici ce qui arriverait

dans la suite. La France ferait la paix avec
toutes les puissances , et se dirait : Les colons ont eu raison d'assurer que les noirs n'é-
taient pas dignes de jouir de la liberté et des
bienfaits de la France , et la France , d'accord
avec toutes les puissances qui ne veulent pas
la liberté , se lierait à elles pour se venger ,
et nous serions perdus.

Le commissaire SONTHONAX.

Nous nous battrons contr'eux , si nous
sommes bien unis, on ne pourra jamais nous
vaincre.

Le général TOUSSAINT.

Au contraire , commissaire, vous seriez le
premier à nous quitter. La France viendrait
ensuite bloquer tous nos ports , de concert
avec les autres puissances; il n'entreraitaucune
provision ni aucune marchandise dans la
Colonie , et nous mourrions de faim et de
misère. Nous pourrions bien dans nos montagnes avoir des vivres; mais quelle existence
aurions-nous ? Nous serions comme les bêtes
des forêts; et d'ailleurs c'est une trahison qui
me donnerait des remords qui me feroient
mourir de chagrin.

Le commissaire SONTHONAX.

Je ne vous quitterai jamais ; je mangerai
des racines dans vos montagnes avec vous ,
je mourrai avec vous , je vous aime trop. Je
suis philantrope.

Le général TOUSSAINT.

Commissaire, je ne crois rien de tout cela;
d'ailleurs cela ne vous fait pas honneur. Vous
êtes envoyé pour conserver la liberté et la
Colonie

Colonie à la France et non pas pour trahir
votre pays : si vous saviez combien cette conversation me fait de la peine, vous l'auriez
finie depuis long-temps! Que ce soit fini , ne
parlons plus de cela , je vous en prie.

Le commissaire SONTHONAX.

Etes-vous fâché contre moi, général ?

Le général TOUSSAINT.

Non , mais cela me fait de la peine.

Le commissaire SONTHONAX.

Eh ! bien je ne vous en parlerai plus.

Dans ce moment je sortis de chez lui.

Quoique le commissaire Sonthonax m'eût
promis de ne me plus parler d'indépendance,
il renouvelait ses propositions toutes les fois
que j'allais le voir. Je témoignai souvent de
l'humeur à cet égard , mais toujours il cher-
chait à faire tomber la conversation sur ce
chapitre, et pendant plus de vingt visites que
je lui fis , il revint toujours à la charge.

Je ne puis mettre sous les yeux du gouvernement un grand nombre de détails qui peuvent m'être échappés ; mais la première en-
trevue, qui fut en même-temps la plus longue
et la plus animée, contient les mêmes questions
qui me furent faites à divers intervalles et les
réponses à ces mêmes questions. Le citoyen
Sonthonax me répétant presque toujours ses
idées premières, je lui répondais toujours qu'il
m'avoit promis, juré de ne m'en plus parler.

Depuis le commencement de nivôse jusqu'à
l'époque où je fus nommé général en chef, je
n'étais venu au Cap que trois ou quatre fois;
mon séjour y était très-court. J'étais à mon

B

quartier général des Gonaïves ; j'avois été employé à diverses expéditions. Le citoyen Sonthonax me fit offrir plusieurs fois le grade de général en chef ; je lui répondis que je ne m'en souciais pas, que j'étais content de celui que j'avais. Le citoyen Sonthonax me fit écrire par le général Agé, que la commission voulait m'élever à ces fonctions , et que Sonthonax lui avoit dit que la chose publique l'exigeait. Je répondis que puisque l'intérêt public me l'ordonnait , j'accepterais, et que je me rendrais au Cap le plutôt possible.

En effet , je vins au Cap vers le 10 du mois de Floréal dernier. A mon arrivée, j'y trouvai les commissaires Raymond et Sonthonax divisés. Le secrétaire général, Pascal, venait de donner sa démission ; je parlai au commissaire Sonthonax du mal que pouvait produire cette désunion.

Voici la conversation que nous eûmes à ce sujet.

Le général TOUSSAINT.

J'ai appris dans le public que vous étiez mal avec votre collègue ; cela peut produire le plus mauvais effet, même parmi les militaires.

Le commissaire SONTHONAX.

Non. Ce n'est rien, moi je ne suis pas fâché contre lui.

Vous a-t-il dit quelque chose ?

Le général TOUSSAINT.

Non. Mais j'ai entendu dire dans la ville que vous vouliez l'embarquer.

Le commissaire SONTHONAX.

Ce n'est pas vrai, je n'ai pas parlé de cela.

Le général Toussaint.

Vous m'en aviez parlé plusieurs fois à moi.

Le commissaire Sonthonax.

Oui, je vous ai dit cela, mais il y a déjà quelque temps. Lui en avez-vous parlé?

Le général Toussaint.

Non.

Le commissaire Sonthonax.

Sûrement c'est lui qui vous en a parlé, ou bien vous qui lui en avez dit quelque chose.

Le général Toussaint.

Je viens de vous dire que je ne lui en ai jamais parlé, ce n'est pas moi qui chercherai jamais à mettre la division parmi les autorités.

Le commissaire Sonthonax.

C'est bien. Je vous crois assez prudent pour cela.

Le général Toussaint.

Commissaire, il faut que vous soyez d'accord avec votre collègue, et que les citoyens ignorent la mésintelligence qui a pu exister entre vous.

Le commissaire Sonthonax.

C'est fini. Pascal avoit donné sa démission, Raimond l'avait acceptée, et voilà pourquoi je l'avais acceptée aussi. Pascal reprendra ses fonctions et tout sera fini. C'est Raimond qui vous en a parlé?

Le général Toussaint.

Non, car j'ignorais que le secrétaire général eût donné sa démission.

Le commissaire SONTHONAX.

C'est une affaire terminée.
Dans ce moment nous nous quittâmes. Je revins chez lui le même jour à six heures du soir.

En entrant chez lui, le commissaire Sonthonax vint à moi, les bras tendus, en me disant, mon ami, je suis content; vous avez tout arrangé. Le commissaire Raimond est venu me voir, il ne m'a rien témoigné de ce qui s'étoit passé, et m'a dit que Pascal allait reprendre ses fonctions.

Le général TOUSSAINT.

Je suis bien content que le commissaire Raimond soit d'accord avec vous, cela me fait bien du plaisir, et d'après cela je partirai content.

Le commissaire SONTHONAX.

Savez-vous que votre lettre de service et votre brevet de général en chef sont faits. Je vais vous les faire voir.

Le général TOUSSAINT.

Je vous remercie, vous me les donnerez demain.

Le commissaire SONTHONAX.

Ah mon ami! vous serez le sauveur de la Colonie. Je suis trop content de vous voir arrivé à ce poste; il y a long-temps que je cherchais à vous y élever.

Le général TOUSSAINT.

Commissaire, bien obligé. Quand j'ai accepté cette place honorable, ça été pour le bien

Le commissaire SONTHONAX.

J'en suis bien persuadé (alors me pressant entre ses bras et m'embrassant); c'est dans ce moment, m'a-t-il dit que nous pouvons exécuter tout ce que je vous ai proposé, vous en conviendrez. Vous m'êtes affectionné, je vous suis tout dévoué ; c'est le moment de nous rendre les maîtres de la Colonie (après un moment de silence). Savez-vous ce que nous allons faire d'abord, les noirs sont toujours inquiets sur leur liberté ; il y a ici des colons blancs qui leur sont suspects, il faut les égorger tous ; tout est disposé, vous n'avez qu'à être d'accord avec moi.

Le général TOUSSAINT.

Comment voulez-vous égorger tous les blancs, n'êtes-vous pas blanc vous même ?

Le commissaire SONTHONAX.

Oui. Ce n'est pas tous, ce ne sont que les ennemis de la liberté.

Le général TOUSSAINT-

(Avec une impatience qu'il ne pouvoit plus dissimuler). Passons à d'autres choses, nous parlerons de cela demain.

Le commissaire SONTHONAX.

C'est bon, cela suffit.

Alors, Sonthonax voulut ramener la conversation sur les évènemens du Sud ; comme je craignais que cette affaire ne le fît revenir aux propositions horribles qui venoient de m'être faites, je prétextai un mal de tête, et je m'en fus.

Le lendemain matin je fus chez le commissaire , pour de - là me rendre à la parade avec la commission. Après la parade, je donnai des ordres de faire seller mes chevaux sans qu'il en sût rien. Sonthonax m'ayant ramené chez lui , me conduisit dans son cabinet , ou après m'avoir fait beaucoup de félicitations , il me fit asseoir à côté de lui.

Le commissaire SONTHONAX.

Parlons d'affaire.

Le général TOUSSAINT.

De quelle affaire ?

Le commissaire SONTHONAX.

De celle que nous avons entamée hier au soir. Je sens le plus grand contentement , je suis enchanté de vous voir le chef de la force armée de la Colonie ; nous sommes à même de faire tout ce que nous voudrons ; vous avez de l'influence sur tous les habitans ; il faut absolument que nous exécutions notre projet, c'est le moment le plus heureux ; jamais circonstance ne fut plus favorable, et personne n'est plus propre à agir que vous avec moi.

Le général TOUSSAINT.

C'est-à-dire , commissaire, que vous voulez me perdre. .... Egorger les blancs ! nous rendre indépendans ! Vous m'aviez promis cependant que vous ne me parleriez plus de ces projets ?

Le commissaire SONTHONAX.

Oui, mais vous voyez que c'est absolument indispensable.

Le général Toussaint.

Vous vous plaigniez de l'affaire des Cayes, et c'est ce même projet que vous voulez exécuter.

Le commissaire Sonthonax.

Non. C'est pour les chasser ; nous ne les égorgerons pas.

Le général Toussaint.

Aujourd'hui vous dites qu'il faut les chasser, mais hier et tout-à-l'heure vous me disiez qu'il fallait les égorger ; mais s'il y avoit un blanc d'assassiné ici, c'est moi qui en serais responsable. (Avec impatience) Je m'en vais, commissaire. Je pris mon chapeau et je sortais, Sonthonax court après moi ; il m'atteignit au moment où j'ouvrais la porte et m'engagea à revenir. Je retournai dans son cabinet, en lui disant, commissaire, je suis très-fâché contre vous.

Le commissaire Sonthonax.

Eh bien ! si vous êtes fâché, ne parlons plus de rien.

Le général Toussaint.

Déjà vous m'aviez donné votre parole d'honneur de n'en plus parler, et toujours vous me tracassez, vous me persécutez. A présent je suis fâché, très-fâché.

Le commissaire Sonthonax.

C'est fini. Je croyais que vous vous seriez réuni à moi ; mais puisque vous le prenez mal, je ne vous parlerai plus de rien ; me promettez-vous de n'en rien dire à personne?

Le général TOUSSAINT.

Je vous l'avais souvent promis ; mais pour cette fois , je ne puis vous rien promettre.

Le commissaire SONTHONAX.

Je vous jure , je vous proteste que je ne vous en parlerai plus. Promettez-moi de ne rien dire.

Le général TOUSSAINT.

Non , car d'après la promesse que vous m'aviez faite ; et à laquelle vous avez toujours manqué, on ne peut plus compter sur votre parole. Mon dessein , en sortant , étoit d'aller assembler mes officiers , et leur faire connaître vos projets , afin que si je venais à mourir , on se tînt en garde contre vous , et que ma mémoire ne fût pas déshonorée.

Le commissaire SONTHONAX.

Je vous donne ma parole d'honneur ; je vous proteste , je vous jure de ne plus vous en parler ; mais promettez-moi de garder le secret. Ce n'est pas une affaire que vos officiers doivent savoir ; donnez - moi votre parole d'honneur , je vous en prie , que vous n'en parlerez à personne.

Le général TOUSSAINT.

(Avec humeur). Eh bien ! je vous donne ma parole. Adieu. Je sortis brusquement , et je montai à cheval pour me rendre aux Gonaïves.

CONFÉRENCE.

CONFÉRENCE.

Du premier Fructidor.

Dans la matinée du premier Fructidor, le commissaire Raimond et le secrétaire général de la commission, Pascal, étant venus me voir de très-bon matin, je m'expliquai avec eux sur la nécessité de faire partir Sonthonax pour la France; le commissaire Raimond, qui avait tenté plusieurs fois de me détourner de ce projet, en me faisant entrevoir des malheurs lors de son exécution, me pressa de ne lui rien cacher relativement à ce que j'avais à reprocher à Sonthonax. Lié par le serment que j'avais fait de me taire, je lui dis néanmoins qu'un plus long séjour du commissaire Sonthonax dans la Colonie amenerait inévitablement des crimes, et peut-être la ferait perdre à la France. Puisque telle est votre opinion, me répondit le commissaire Raimond, ayons une conférence avec Sonthonax; vous le démasquerez en ma présence; vous lui direz qu'il faut qu'il parte, les motifs de votre résolution; et après vous avoir entendu, d'après ce que je sais moi-même, nous le mettrons sans doute dans l'impossibilité de reculer; je ne vous demanderai plus votre secret, puisque vous croyez ne pouvoir pas le révéler; mais, général, agissons avec tant de sagesse et de prudence, qu'on ne puisse nous reprocher une goutte de sang versé. J'accédai à la proposition du commissaire Raimond; j'engageai le secrétaire général à être témoin à cette conférence, et

C

bientôt après je me rendis chez le commissaire Sonthonax pour la lui reprocher.

En arrivant chez le commissaire Sonthonax, je lui fis part de la cause de ma visite; je lui dis qu'il était nécessaire que nous eussions une explication entre lui, le commissaire Raimond, le secrétaire général Pascal et moi; il ne voulut jamais y consentir, quelles que fussent mes instances; il me répondit que je pouvais m'ouvrir à lui seul, et que la presence des citoyens Raimond et Pascal était inutile.

C'est dans ce moment qu'eut lieu la conversation suivante.

Le commissaire SONTHONAX.

Que vous ai-je fait? Avez-vous à vous plaindre de moi?

Le général TOUSSAINT.

Commissaire, je n'ai pas à me plaindre de vous personnellement, mais ce que j'ai à vous reprocher regarde la République.

Le commissaire SONTHONAX.

Expliquez-moi ce que vous avez à me reprocher.

Le général TOUSSAINT.

Commissaire, vous êtes la première autorité de la Colonie, et vous ne remplissez pas votre devoir; au lieu de chercher à tout concilier, vous cherchez à jeter le trouble par-tout; vous avez des espions et des agens de tout côté pour vous faire des partisans, et je sais pourquoi. Vous en avez envoyé auprès de moi pour soulever mon armée; vous avez cherché à irriter les noirs contre les blancs, les rouges

C

et contre les noirs. Le trouble s'était tellement
introduit dans mon armée , que depuis quelques jours j'ai été obligé de mettre 67 officiers
aux arrêts, et je sais que ce sont des hommes
envoyés par vous qui ont occasionné tout ce
désordre.

Le commissaire SONTHONAX.

Ce n'est pas vrai. Vous savez bien que tout
le monde a ses ennemis , c'est plutôt par des
ennemis de la liberté que par moi que ce mal
s'est opéré.

Le général TOUSSAINT.

Si ce n'était pas vous, citoyen commissaire,
vous n'auriez pas laissé manquer la troupe de
tout ; vous êtes chargé de la guerre, et depuis
quelque temps , il semble que vous vous ef-
forciez d'empêcher que l'armée des Gonaïves
ne reçoive les secours dont elle a besoin ; cela
fait crier, et j'ai été obligé à des actes de sé-
vérité pour maintenir la discipline : sans cela
mon armée serait entièrement débandée.

Le commissaire SONTHONAX.

Eh bien ! je vous donnerai tout ce que vous
voudrez pour vous contenter , car je vois que
vous êtes bien outré contre la commission.

Le général TOUSSAINT.

Ce n'est pas contre la commission ; c'est
contre vous seul. Vous savez que je vous écrivis, il y a quelque temps, pour vous parler
des besoins de mon armée ; je vous priai de
laisser prendre , par l'administration des Gonaïves , les cafés des quartiers de la Marmelade et de Plaisance ; vous me répondîtes

C 2

d'abord que cela ne se pouvait pas, que le Cap avait des besoins, que ce serait pour l'année prochaine. Je vous écrivis pour vous avertir une seconde fois que mon armée manquait de tout, et que les environs des Gonaïves étant le théâtre de la guerre, il était indispensable de venir à son secours ; vous me répondîtes que vous me donneriez les cafés de la Marmelade, et dans ce moment la livraison en était déjà faite au Cap. Après avoir voulu faire manquer mon armée de tout, après avoir cherché à la désorganiser, vons l'avez accusée, vous l'avez insultée, vous avez dit que les troupes que je commandais étaient des bandes de brigands, chez lesquels on ne pouvait établir ni discipline, ni subordination,

Le commissaire SONTHONAX.

Non, cela n'est pas vrai.

Le général TOUSSAINT.

Vous l'avez dit, car ces propos m'ont été rapportés, et j'en suis sûr.

Le commissaire SONTHONAX.

Je ne me rappelle pas qui a pu me dire cela ; j'ai bien pu faire quelques réflexions à cet égard, mais on les a envenimées.

Le général TOUSSAINT.

C'est Mentor qui vous l'a dit, et vous y avez applaudi ; c'est lui que vous avez envoyé partout, comme espion, pour semer la division et préparer des soulèvemens.

Le commissaire SONTHONAX.

Je ne l'ai pas envoyé dans le dessein que

vous me prêtez. Mentor est une jeune tête, un peu chaude; mais c'est un noir qui parle bien, qui a des dispositions , et qui n'est pas capable de cela.

Le général TOUSSAINT.

Vous pouvez être assuré que pour sa mauvaise conduite, je vais le faire arrêter.

Le commissaire SONTHONAX.

Vous ne pouvez pas l'arrêter ; parce que c'est violer les lois.

Le général TOUSSAINT.

Pourquoi ?

Le commissaire SONTHONAX.

Parce qu'il est représentant du peuple ; c'est mon collégue ; il est ici comme moi ; d'ailleurs c'est un noir.

Le général TOUSSAINT.

Je ne le regarde pas comme représentant du peuple ; il est adjudant général ; place à laquelle vous l'avez nommé depuis vos élections, et qu'il a acceptée ; et dans ce moment-ci il a manqué, non-seulement à son chef, mais à toute l'armée , en méprisant ses frères et en les insultant , et puis il vient jusques chez moi faire des motions et échauffer le peuple.

Le commissaire SONTHONAX.

Et quand ?

Le général TOUSSAINT.

C'est à vous qu'on l'a rapporté; vous devez le savoir.

Le commissaire Sonthonax.

Ne croyez pas cela. Ne voyez - vous pas comment je me suis comporté, comme j'aime les noirs ? J'ai envoyé auprès de vous et à Léogane trois députés , et c'étaient des noirs , Mentor , Annecy et Gratia Lafortune.

Le général Toussaint.

Gracia Lafortune et Annecy sont de bonnes gens dont vous vous êtes servi pour cacher les projets dont vous aviez chargé Mentor.

Le commissaire Sonthonax.

Point du tout , je vous proteste que j'aime beaucoup les noirs ; c'est à eux que je dois l'existence ; c'est eux qui m'ont sauvé la vie.

Le général Toussaint.

Vous venez de me dire que ce sont les noirs qui vous ont sauvé la vie ; ne m'avez-vous pas dit un jour que c'était Lapointe ?

Le commissaire Sonthonax.

C'est vrai, mais avant d'aller à Saint-Marc, c'étaient les noirs qui m'avaient sauvé la vie ici , et ensuite Lapointe m'escorta avec une pièce de canon. Je lui dois mon existence, quoiqu'il soit un scélérat.

Le général Toussaint-

Commissaire, ce n'est pas tout cela ; je vais vous dire une vérité, faites bien attention, je ne vous parle pas en France , mais c'est ici. Lorsque les méchans, soit hommes de couleur, soit blancs , soit noirs, veulent faire des sottises , ils se servent des noirs, et ils les mettent

en avant. Voilà pourquoi vous avez choisi
Gracia Lafortune et Annecy à la suite de
Mentor ; mais c'était Mentor seul qui avait
votre secret, et les deux autres n'étaient là que
pour lui servir de cortége et jeter de la poudre
aux yeux des noirs.

Le commissaire SONTHONAX.

Puisque vous croyez que Mentor était un
mauvais sujet , pourquoi ne m'avez vous pas
prévenu la première fois que je vous l'ai envoyé ? N'est-ce pas vous qui m'avez écrit
d'envoyer Mentor à Léogane.

Le général TOUSSAINT.

Oui : Laplume et Lespinasse, son secrétaire,
m'avaient écrit que la présence de Mentor serait nécessaire à Léogane pour parler aux cultivateurs et les exhorter à la paix. Je vous ai fait
passer copie de leur lettre, et vous ai écrit en
même-temps; mais je ne vous avais pas dit de
lui adjoindre Gracia Lafortune et Annecy.

Le commissaire SONTHONAX.

Puisque vous n'étiez pas content, pourquoi
ne m'avez-vous pas écrit?

Le général TOUSSAINT.

Commissaire , j'étais prêt à le faire , lorsque vous m'avez écrit vous-même de donner
des instructions particulières à Mentor. Vous
devez savoir que je ne l'ai pas voulu. Je vous
ai répondu que lui ayant donné des instructions vous-même, je me garderais bien d'en
donner d'autres. Je voulus connaître ces instructions , Mentor me les communiqua : après
les avoir bien réfléchies , j'y entrevis de mau-

vais desseins; elles étaient signées seulement
de vous et la signature de votre collègue n'y
était pas; vous donniez, dans ces instructions,
à Mentor, les mêmes pouvoirs que vous aviez
dans le Nord, tandis qu'il était convenu qu'il
ne devait aller dans l'Ouest, que pour inviter
les noirs à la paix, et pour tout pacifier.

Le commissaire SONTHONAX.

Est-ce que je n'ai pas dit à Mentor de vous
consulter, de n'agir que d'après vos conseils ?
Et la lettre qu'il était chargé de vous remettre
de ma part en est une preuve.

Le général TOUSSAINT.

Eh bien ! c'est par les contradictions entre
la conversation de Mentor, votre lettre et vos
instructions, que j'ai reconnu que vous vouliez me tromper. Vous lui donniez les plus
grands pouvoirs dans la partie du Sud ; *et*
vous ne me consultiez que parce que vous
pensiez que je pourrais vous servir ou con-
trarier vos projets.

Le commissaire SONTHONAX.

Ce n'est pas vrai; vous me jugez mal.

Le général TOUSSAINT.

C'est vrai; vous aviez donné à Mentor l'ordre
de faire mettre l'embargo en arrivant aux
Gonaïves. Mentor a resté trois ou quatre jours
aux Gonaïves pour attendre votre réponse,
sur le refus que j'ai fait de lui donner des
instructions par écrit; je lui ai donné cependant des conseils; mais je me suis gardé
de lui donner ma signature, parce que je
craignais, d'après les mauvais desseins que
j'entrevoyois

j'entrevoyais, que vous ne voulussiez vous
servir de mon nom et de moi comme d'un
instrument à vos projets et à opprimer les
les citoyens paisibles.

Le commissaire Sonthonax.

Vous avez mal jugé Mentor; que ce soit
fini. D'ailleurs Mentor n'a pas réussi; c'est
une affaire terminée, n'en parlons plus.

Je ne sais pas si ce qu'on m'a dit est vrai;
mais on m'a assuré qu'il y a des personnes
qui viennent du Sud aux Gonaïves pour faire
fermenter les esprits.

Le général Toussaint.

Il y a des personnes du Sud qui arrivent
aux Gonaïves, pour de là aller au Cap ou
ailleurs : c'est leur chemin; mais qu'elles y
viennent pour troubler l'ordre, soyez tranquille, j'en réponds.

Le commissaire Sonthonax.

Eh bien que ce soit fini, je suis content.
Par-tout où est Toussaint Louverture, la
commission peut se reposer sur lui.

Le général Toussaint.

Commissaire, puisque vous parlez des affaires du Sud, quoiqu'assuré que dans ce pays-
là, comme par-tout ailleurs, il y a de mauvaises gens, les malheurs du Sud ne seraient
pas arrivés, si vous ne les aviez pas voulus.

Le commissaire Sonthonax.
Pourquoi ?

Le général Toussaint.
Avant les évènemens malheureux du Sud,

D

au moment du départ de Desfourneaux, je vous ai prévenu qu'il était dangereux de l'y envoyer. Je l'avais rencontré à la Coupe-à-Pintades, allant dans le Sud ; je lui avais dit à lui-même ce que je pensais de sa mission, et je vous écrivis de Plisance, ainsi. qu'au général Laveaux, pour vous faire connaître ce que je craignais.

Le commissaire SONTHONAX.

Le général Laveaux ne m'en a pas donné connaissance.

Le général TOUSSAINT.

C'et faux. Le général Laveaux est un brave homme, qui vous en a donné connaissance, et puis j'avais écrit à la commission. D'ailleurs dans beaucoup de conférence que j'ai eues avec vous, ne vous ai-je pas prié de proposer un arrêté à la commission, en vertu duquel je serais chargé de concilier les habitans du Sud. Je vous ai dit plus, il ne faut pas regarder l'affaire de quelques hommes, mais bien l'affaire générale. Vous m'avez demandé mon avis ; je vous ai dit que pour ramener l'ordre dans cette partie, il ne fallait pas persister à envoyer des agens désignés par vous ; car c'est votre nom seul qu'on ne peut pas y entendre prononcer, et si on continuait à y faire passer des hommes qu'on vous croit dévoués, tout est perdu ; non-seulement vous porterez le trouble, mais vous les pousserez au désespoir, et ils préféreront, d'après ce que je connais de leurs intentions à votre égard, de se livrer aux anglais qu'à se réunir à vous.

Le commissaire SONTHONAX.

Eh bien ! tant mieux, je le desire, car la

France connaîtra alors que ce sont des scélérats ; mais les noirs ne consentiront jamais à
cela.

Le général TOUSSAINT.

Commissaire, rappelez-vous que la France
dira toujours que c'est vous qui avez perdu
ce pays : car, c'est vous qui avez envoyé le
Borgne, Rey et Desfourneaux. Ce pays-là
était tranquille auparavant votre arrivée, et
c'est par vous que tous les malheurs sont
survenus.

Le commissaire SONTHONAX.

La France est instruite de tout ce qui s'est
passé, mais il me semble qu'on a cherché à
vous donner de terribles préventions sur mon
compte.

Le général TOUSSAINT.

Ce ne sont pas des préventions qu'on m'a
données, ce sont des observations que j'ai
faites sur votre caractère et sur vos projets.
Il n'a pas tenu à vous que le quartier des
Gonaives n'ait éprouvé les mêmes malheurs
que le Sud; et sans doute s'il y fût survenu
des troubles, vous me les auriez attribués.

Le commissaire SONTHONAX.

Je veux vous prouver que vous étiez trompé,
et que ce sont mes ennemis qui vous ont irrité
contre moi. Je vais donner des ordres à l'ordonnateur de vous faire délivrer tout ce que
vous demanderez; les cafés de la Marmelade,
et peut-être deux cent milliers qui doivent
être à Plaisance seront mis à votre disposition.

Le général TOUSSAINT.

Commissaire, vous croyez en changeant de

D 2

conversation me tromper ; vous venez me
promettre encore les cafés de la Marmelade ,
mais je vous ai déjà dit que ces cafés n'y
étaient plus ; quant à ceux de Plaisance, vous
deviez savoir encore mieux qu'ils sont au
Cap, puisque vous avez écrit vous-même au
commandant de Plaisance , le citoyen *Jean-
Pierre*, que vous lui donneriez de votre poche
25 portugaises pour faire transporter les cafés
au Cap ; et je sais de plus que vous étiez si
pressé , que ces mêmes cafés ont été vendus
19 sous , tandis que le prix du cours était
de 25 sous.

Le commissaire SONTHONAX.

Mon collègue a signé avec moi : c'était
pour payer la troupe.

Le général TOUSSAINT.

Moi, je sais que c'est vous qui l'avez
proposé.

Le commissaire SONTHONAX.

(Embarrassé.) Oui. . . . . c'est moi.

Le général TOUSSAINT.

Pourquoi payez-vous mieux la troupe qui
est au Cap que celle qui est aux frontières
et qui couvre le Cap ? Il n'y a qu'une Commission , il n'y a qu'une République : et
quand on fait souffrir une partie des troupes
et qu'on distribue inégalement les revenus
publics , c'est le moyen de créer des partis
et d'occasionner des troubles.

Le commissaire SONTHONAX.

C'est fini ! Eh bien , je vais vous faire
donner cent portugaises par l'ordonnateur :
vous les emporterez aux Gonaïves.

Le général TOUSSAINT.

Commissaire, non ! Donnez des ordres à l'ordonnateur pour qu'il les verse lui-même à l'administration des Gonaïves.

Le commissaire SONTHONAX.

Cela suffit. Maintenant vous n'avez plus rien contre moi.

Le général TOUSSAINT.

Commissaire, je vous ai dtt que je ne me plaignais pas de ce que vous m'aviez fait à moi personnellement, mais que j'avais beaucoup à me plaindre de vous à l'égard de la chose publique; vous avez voulu bouleverser la Colonie.

Le commissaire SONTHONAX.

Ce n'est pas moi; il y a des personnes qui me haïssent beaucoup, parce que je suis philantrope, parce que je suis le fondateur de la liberté; mais ce n'est pas moi, ce sont eux qui sont cause de tout ce que vous me reprochez.

Le général TOUSSAINT.

Je sais que c'est vous. Je me rappelle des propositions que vous m'avez faites sur l'indépendance ; je me rappelle les propositions que vous m'avez faites plusieurs fois d'embarquer le commissaire Raimond, dont on peut admirer la modération et la patience. Cependant je vous avoue que j'ai beaucoup plus de confiance en lui qu'en vous : je sais que vous êtes plus fin, plus adroit que lui ; mais votre collégue mérite la confiance de la Colonie.

Le commissaire SONTHONAX.

Pourquoi !

Le général Toussaint.

Parce que c'est un homme respectable qui
ne veut que l'ordre, la paix et le rétablissement des cultures, qui ne donne que de bons
exemples, parce que c'est un bon père de
famille.

Le commissaire Sonthonax.

Eh moi ! N'ai-je pas madame Villevaley ?
Est-ce que je ne regarde pas ses enfans comme
les miens ?

Le général Toussaint.

Ce n'est pas du tout la même chose; c'est
une feuille de papier qu'on déchire et qu'on
jette.

Le commissaire Sonthonax.

Allons, que tout soit fini ; je vais vous
donner tout ce que vous voudrez, et que ce
soit tout arrangé. Allons, j'espère que vous
ne m'en voulez plus.

Le général Toussaint.

Ce n'est pas pour moi, je vous le répète,
et vous savez bien pourquoi je ne suis pas
content.

Dans ce moment on fit demander le commissaire, la conversation se termina là, et
nous nous séparâmes ; mais je ne pus obtenir
la conférence demandée entre lui Sonthonax,
le commissaire Raimond, le citoyen Pascal
et moi.

CONFÉRENCE

Qui a eu lieu le 2 Fructidor, an cinq, au Cap-Français, dans la Maison des ci-devant Religieuses,

Entre le citoyen SONTHONAX, commissaire du Gouvernement français et le citoyen TOUSSAINT LOUVERTURE, général en chef de l'Armée de Saint-Domingue.

LE 2 Fructidor, le citoyen Sonthonax m'ayant envoyé demander par son aide de camp à quelle heure je pourrais le recevoir ; je lui fis répondre qu'il pouvait venir à cinq heures du soir.

En effet, le citoyen Sonthonax vint à cette heure là ; je le reçus dans mon cabinet, et dès que nous fûmes seuls, nous eûmes la conversation suivante :

Le commissaire SONTHONAX.

Je viens auprès de vous pour savoir à quoi m'en tenir une bonne fois ; il faut que vous m'ouvriez votre cœur, et me disiez absolument ce que vous pensez.

Le général TOUSSAINT.

Commissaire ; je n'ai plus rien à vous dire ; je ne suis pas d'humeur à parler aujourd'ui, et je me suis déjà expliqué avec vous.

Le commissaire SONTHONAX.

Je vous en prie ; vous êtes un honnête

homme, parlez-moi franchement : je veux savoir ce que vous pensez, et que tout soit fini aujourd'hui. Dévoilez-moi entièrement votre cœur.

Le général TOUSSAINT-

Je n'étais pas d'humeur à vous parler : vous m'y forcez, je vais m'expliquer : mais vous me permettrez de vous dire la vérité, et la vérité toute entière.

Le commissaire SONTHONAX.

Oui.

Le général TOUSSAINT.

Commissaire, j'ai examiné vos démarches depuis que vous êtes revenu dans la Colonie : j'ai observé tous vos pas, et j'ai vu que vous vous étiez très-mal comporté, sur-tout pour les intérêts de la Répbulique qui vous ont été confiés : que vous êtes un homme perfide.

Le commissaire SONTHONAX.

Comment ? Vous me regardez comme un homme faux ? Quelle idée avez-vous donc de moi ?

Le général TOUSSAINT.

Puisque vous avez voulu que je vous dise la vérité, je ne vous la mâcherai pas. Non-seulement faux, mais doublement faux.

Le commissaire SONTHONAX.

Quelle fausseté avez-vous à me reprocher?

Le général TOUSSAINT.

En me faisant cette question, vous devez rougir et trembler. Si c'était devant des hommes qui ne vous connaîtraient pas, vous pourriez encore témoigner cette assurance, mais devant moi, comment osez-vous ?

Le

Le commissaire SONTHONAX.

Comment! Comment! Dites-moi les causes.

Le général TOUSSAINT.

Premièrement, ne m'avez-vous pas plusieurs fois proposé de rendre cette Colonie indépendante de la France ?

Le commissaire SONTHONAX.

J'en conviendrai avec vous, mais n'en dites rien à personne.

Le général TOUSSAINT.

Vous n'avez pas besoin de me dire n'en dites rien à personne ; nous ne sommes ici que deux ; vous avez voulu que je vous dise la vérité, je vous dis la vérité. Répondez, si je mens ou si je dis vrai.

Le commissaire SONTHONAX.

J'en conviens.

Le général TOUSSAINT.

Combien de fois ne m'avez-vous pas proposé de rendre cette Colonie indépendante ?

Le commissaire SONTHONAX.

Je vous ai dit cela trois ou quatre fois.

Le général TOUSSAINT.

Cela n'est pas vrai, vous me l'avez proposé à trois ou quatre voyages que j'ai faits au Cap ; mais dans un seul voyage vous m'en avez parlé neuf à dix fois, et toujours quand j'ai été dans votre cabinet, vous êtes revenu à la charge.

Le commissaire SONTHONAX.

Je suis véridique, j'en suis convenu.

E

Le général TOUSSAINT.

Dites-moi maintenant quelle réponse je
vous ai faite.

Le commissaire SONTHONAX.

Ce n'est pas la peine de revenir sur un
pareil chapitre. Je conviens que vous m'avez
dit que la chose était impossible ; nous ne
sommes pas ici pour plaider, mais pour nous
arranger.

Le général TOUSSAINT.

Expliquez-moi quel était votre dessein,
quand vous avez eu ce projet-là.

Le commissaire SONTHONAX.

Je n'avais pas de mauvaises intentions,
c'est pour vous-même, c'est pour vos intérêts
et pour celui de vos frères. Ce n'est pas pour
moi, mon père est riche en France, je n'ai
besoin de rien, mais c'était pour votre bien ;
je suis attaché aux noirs.

Le général TOUSSAINT.

Vous ne m'avez jamais vu venir au Cap
avec deux cent quarante dragons, sans compter les officiers. Demandez à votre collègue
Raimond, si je n'avais pas autant respecté
votre caractère de délégué de la France, si
vous ne seriez pas déjà embarqué. J'ai réfléchi
sur tous les projets dont vous m'avez parlé,
je vous ai soigneusement observé, et j'ai vu
que vous ne tendiez qu'à perdre la Colonie,
qu'à la bouleverser et à la ravager.

Le commissaire SONTHONAX.

Donnez-m'en des preuves !

Le général TOUSSAINT.

Vous venez de convenir avec moi de tous les faits, de toutes les propositions que vous m'aviez faites sur l'indépendance.

Le commissaire SONTHONAX.

J'en suis convenu, mais je n'ai rien fait autre chose.

Le général TOUSSAINT.

Vous avez sourdement donné conseil à des noirs, à des hommes de couleur d'égorger les blanos, pour assurer la liberté, disiez-vous.

Le commissaire SONTHONAX.

Ce n'est pas vrai, je n'ai pas donné des ordres pareils.

Le général TOUSSAINT.

Rappelez-vous que lorsque vous m'avez proposé l'indépendance, vous m'avez dit, à moi personnellement, qu'il fallait, pour assurer la liberté, égorger les grands planteurs ; et ces mêmes propos, vous les avez tenus à d'autres noirs qui me les ont rapportés.

Le commissaire SONTHONAX.

Il y a long-temps ; mais ce projet n'a pas été exécuté.

Le général TOUSSAINT.

Je vais vous répondre comme les créoles disent ; les créoles disent : « Yon cochon qui , déjà mangé poule, vous borgné yon yeux li, » vous borgné l'autre yeux li ; ça pas empêché » li quand li passé côté poule, li va cherché » mangé li toujours ».

Le commissaire SONTHONAX.

Que veut dire cela ?

Le général TOUSSAINT.

C'es-à-dire que les méchans sont incorrigibles. L'autre fois que vous êtes venu ici, vous avez dit aux hommes de couleur d'égorger tous les blancs, aux nouveaux libres d'égorger tous les anciens libres; voilà ce qui a produit la guerre civile, et ce qui a fait que le territoire français a été livré aux anglais et aux espagnols, et puis vous êtes parti, et vous nous avez laissé des troubles.

Le commissaire SONTHONAX.

Comment pouvez-vous avoir une si mauvaise opinion de moi?

Le général TOUSSAINT.

C'est un fait vrai, tout le monde le sait.

Le commissaire SONTHONAX.

Mais vous, général, n'avez-vous pas vu dans mes débats comment j'ai défendu les hommes de couleur, quoiqu'ils soient des scélérats.

Le général TOUSSAINT.

Il y en a de bons et de méchans, comme dans toutes les couleurs, et vous avez d'autant plus de tort de les désigner tous comme des scélérats, que c'est parmi les plus scélérats des hommes de couleur, des noirs et des blancs, que vous avez choisi vos hommes de confiance et vos espions.

Le commissaire SONTHONAX.

Général, non... Tout ceci ne vient que des mauvaises impressions qu'on vous a données contre moi.

Le général TOUSSAINT.

Commissaire, cette conversation ne finirait

plus, et pour la terminer, je vous annonce
qu'il faut que vous partiez en France.

Le commissaire SONTHONAX.

Non, général, je vous demande excuse,
oublions le passé.

Le général TOUSSAINT.

Commissaire, vous êtes trop connu, le salut
de la Colonie exige que vous partiez pour la
France : il faut absolument que vous partiez;
sa sûreté en dépend.

Le commissaire SONTHONAX.

Oublions tout cela, que tout soit fini; je vous
promets que je vous donnerai tout ce que je
possède, tout ce que vous voudrez.

Le général TOUSSAINT.

Je ne veux rien; je n'ai besoin ni d'or ni
d'argent, ni de rien du tout : il faut que vous
partiez; le salut de la Colonie l'exige.

Le commissaire SONTHONAX.

Cependant tout est ici tranquille, qu'avez
vous à craindre ?

Le général TOUSSAINT.

Point du tout. Vous feignez d'ignorer ce que
je sais. Si la ville est tranquille, c'est bien
contre votre vœu; c'est que j'ai envoyé des
personnes prêcher le calme; mais il faut que
vous partiez; (avec chaleur) j'ai parlé au
commissaire Raimond, pour lui dire qu'il faut
que vous partiez : il a cherché à me modérer,
en me faisant entrevoir des conséquences
fâcheuses à cause de votre caractère et des
troubles qui pourraient survenir. Eh bien!
je prends sur moi l'évènement; je rendrai

(38)

compte de ma conduite au directoire exécutif; mais il faut que vous partiez.

Le commissaire SONTHONAX.

C'est-à-dire donc que vous êtes bien décidé à me faire partir.

Le général TOUSSAINT.

Oui, très-décidé.

Le commissaire SONTHONAX.

Comment, mon cher général, pouvez-vous traiter avec tant de dureté le fondateur de la liberté? N'est-ce pas moi qui l'ai proclamée dans cette Colonie? N'est-ce pas moi qui ai fait votre bonheur? N'est-ce pas moi qui ai défendu votre cause? N'est-ce pas moi qui vous ai nommé général en chef?

Le général TOUSSAINT.

Vous savez bien que vous m'aviez plusieurs fois fait proposer ce grade, et que je vous ai toujours répondu que je ne m'en souciais pas. Si vous ne m'avez nommé général en chef que pour commettre des crimes, je ne veux plus l'être. Ce n'est pas moi qui suis offensé; ce sont les intérêts de la France qui sont menacés; et avec ou sans le grade de général en chef, je n'ai jamais eu d'autres intentions que de maintenir et d'assurer la liberté de mes frères, et de conserver cette Colonie à la France; pourvu que ce but soit rempli, je me soucie fort peu de grade.

Le commissaire SONTHONAX.

Vous le méritez; vous avez de la capacité: sans vous, nous n'aurions pas trouvé ici un pouce de terre à la France à notre arrivée.

Voilà ce qui m'avait engagé à vous faire des propositions.

Le général Toussaint.

Il n'est plus question de tout cela, il faut que vous partiez. Par respect pour la parole d'honneur que je vous ai donnée, je n'ai voulu rien dire au commissaire Raimond des propositions que vous m'avez faites; mais si vous me forcez de lui en parler, il sera aussi empressé que moi de vous faire embarquer. Je ne desire pas, si cela est nécessaire, qu'on sache que c'est moi qui vous force à partir, parce qu'étant mon chef, je ne veux pas rendre public un acte d'insubordination qui pourrait avoir des suites funestes. Allez remplir la place de représentant du peuple (quoique vous n'ayez été nommé que par une intrigue) ; mais partez : vous savez combien cela est nécessaire. Partez, et personne n'en connaîtra le motif. Je ne veux pas vous perdre, mais je veux que vous partiez.

Le commissaire Sonthonax.

Puisque vous êtes décidé et qu'il est impossible de s'arranger avec vous, je partirai; mais il faudra me donner des lettres de félicitation, et j'irai en France comme représentant du peuple.

Le général Toussaint.

Je vous donnerai tout ce que vous voudrez ; car je regarde votre départ comme absolument nécessaire au salut de la Colonie. Partez, ne cherchez pas à occasionner un bouleversement. Partez vîte, que l'ordre ne soit pas troublé, et je vous promets que jamais personne ne saura rien de ce qui s'est passé entre nous. Mais s'il survient le moindre désordre , et que vous mettiez de la mauvaise foi à remplir la promesse que venez de me faire , je dévoile tout, et je vous embarque de force.

Le commissaire Sonthonax.

C'est entendu, c'est fini. Je vous promets que je ne dirai rien à personne , même à mon collègue ; mais promettez-moi aussi de ne lui en rien dire.

Le général Toussaint.

Je vous le promets , à condition que vous ne me tromperez pas.

Le commissaire Sonthonax.

Je partirai , général.

Après ces dernières paroles , Sonthonax me souhaita le bon soir , et nous nous séparâmes.

Pour extrait conforme à la minute du Rapport adressé au Directoire exécutif de France , le 18 Fructidor , l'an cinq de la République française , une et indivisible.

Le général en chef de Saint-Domingue.

Signé, TOUSSAINT LOUVERTURE.

Au Cap-Français, chez P. Roux , Imprimeur de la Commission.

OPINION

DE DUFAY,

DEPUTÉ DE SAINT-DOMINGUE,

SUR *le titre* III *de la résolution* SOUMISE AU CONSEIL DES ANCIENS, *concernant l'organi-sation de la Constitution dans les Colonies.*

———————

De l'état et des droits de citoyen pour les Noirs dans les Colonies.

NOTA. Il me semble que j'avois bien raison , lors de la discussion au Conseil des Cinq-Cents, de manifester à la commission des Colonies mon inquiétude sur la rédaction de l'art. XV. Je voulois demander la parole sur cet article ainsi conçu : « Les individus noirs » ou de couleur enlevés à leur patrie, et transportés » dans les colonies, ne sont point réputés *étrangers* ; » ils jouissent des mêmes droits, etc. ». Je craignois qu'ainsi rédigé, il ne fût mal interprété ; qu'il ne présentât un sens équivoque, et ne pût fournir un prétexte pour contester à quelques hommes des colonies l'état et les droits de citoyens : ce qui pouvoit alarmer des esprits déjà prévenus et très défians, et occasionner de nouveaux désastres. Connoissant le pays et la disposition des têtes en fermentation, je voulois proposer une rédaction précise, simple, et claire, qui embrassât la généralité des citoyens, *sans aucune distinction*, et dans les mêmes termes que le décret du 16 pluviôse.

2   A

Je sentois tout le danger de laisser sur ce point la moindre incertitude, le plus petit doute. Des membres de la commission des colonies, voulant accélérer le travail, parce qu'ils savoient que le gouvernement attendoit après cette résolution pour envoyer ses agens, bien persuadés que ceux-ci ne pouvoient rien faire sans une loi positive, qui soit leur régulateur dans toutes les branches de l'administration dans les colonies ; que sans ces mesures législatives, ils se trouveroient dans le chaos, et réduits *à l'impuissance* ou *à l'arbitraire*, me dirent que cet article étoit bien entendu, que personne ne penseroit à le contester, qu'il ne souffriroit aucune difficulté ; que j'allois en élever d'inutiles, combattre contre une chimère, et éloigner le soulagement dont les colonies avoient tant de besoin : ils m'engagèrent à ne point émettre mon opinion, qu'ils connoissoient, afin de ne point prolonger la discussion *d'un seul jour de plus*. Je cédai à leurs représentations.

Aujourd'hui, un de nos collègues des Anciens, le citoyen Perrée (de la Manche) a attaqué le titre III *sur l'état et les droits de citoyen.* Beaucoup d'autres s'empresseront sans doute de défendre les principes de la liberté, et les droits des citoyens pour tous les hommes, sans distinction de couleur ; mais je crois devoir en ce moment, pour l'intérêt et la tranquillité des colonies, reproduire sous les yeux de mes collègues mon opinion, telle que je voulois la prononcer dans la discussion au Conseil des Cinq-Cents.

Je n'y ai point ajouté ni changé *un seul mot;* j'invoque à cet égard le témoignage de ceux de mes collègues à qui je l'avois communiquée.

Sur l'état et le droit de citoyen pour les Noirs dans les Colonies.

Citoyens Représentans,

Je viens parler sur le titre III *de l'état et des droits de citoyens;* je viens appuyer les articles XIV, XVI, XVII, XVIII, XIX et XX; je viens aussi, ou demander la question préalable sur l'art. XV, c'est-à-dire, *sur la qualification d'étrangers,* ou tâcher de le faire changer, et d'en démontrer l'inconvenance, en invoquant, non la politique seulement, mais la justice, les principes, les lois qui en sont la conséquence, et les droits des hommes, qui sont éternels comme la nature.

Demander que les noirs enlevés à leur patrie ne soient pas réputés étrangers, et jouissent des mêmes droits que les individus, que les noirs, leurs frères, et leurs compagnons de culture nés sur le territoire français, c'est mettre en question s'ils jouissent tous, ou doivent jouir tous de la plénitude des droits assurés par la constitution; c'est faire deux classes d'hommes parmi ces noirs, *qui sont tous libres du même jour,* qui ont tous également combattu pour la défense de Saint-Domingue et le maintien de la République; c'est semer la division, la discorde dans cette société de frères et de compagnons d'infortune; c'est y créer une *distinction,* une noblesse, un genre d'aristocratie qui doit de nouveau rallumer dans nos colonies et y perpétuer les troubles et la guerre civile.

Je suis étonné que votre commission vous ait présenté cette question; c'est sans doute pour avoir l'occasion de faire une réparation authentique, une espèce d'amende honorable à l'humanité outragée par l'infame trafic de chair humaine, cette œuvre impie de l'ancien gouvernement : aussi l'a-t-elle fait à la *page* 9 de son rapport, en vous disant que vous ne pouviez réputer étrangers les noirs transplantés, et deviez leur rendre

A 2

une patrie dont on les avoit privés. Elle dit aussi, *page* 10, qu'ils doivent jouir des droits de citoyens, et que vous ne pouvez les en priver sans injustice et sans barbarie.

Il eût peut-être été à souhaiter qu'on n'eût point abordé cette question impolitique autant qu'inutile ; qu'on eût oublié qu'ils pouvoient être considérés comme étrangers, et qu'on n'en n'eût parlé que comme des enfans adoptés dans le malheur par la mère-patrie ; mais je me plais à rendre justice à votre commission ; il paroît qu'elle a voulu lever tous les doutes, toutes les incertitudes, prendre toutes les précautions, ôter tous les prétextes à la malveillance, et provoquer une loi claire, interprétative de la constitution : qui assignât à chacun sa véritable place, sans contestation, et qui, en reconnoissant hautement les droits de tous les hommes, déterminât en même temps leurs devoirs, et les y attachât davantage.

Si cependant quelques hommes, guidés par la cupidité, l'avarice, l'orgueil, la haine, ou le délire des préjugés, tentoient par des écrits, comme on en a déja publiés ; tentoient d'égarer l'opinion, de tirer parti de cette qualification d'étrangers, et vouloient sérieusement justifier et regarder comme nécessaire la formalité rigoureuse et injuste d'exiger des noirs d'avoir fait la déclaration de vouloir se fixer en France sept ans avant de jouir des droits de citoyens ; s'ils espéroient, sous le voile hypocrite et à l'aide de la constitution, trouver quelques partisans, quoique je m'attende bien que cette objection ne sera pas accueillie, j'oserois élever ma voix pour l'attaquer, sûr d'avance de trouver plus d'un appui dans cette enceinte : je le dois même pour l'honneur des principes, et en même temps pour dissiper toutes les alarmes et faire disparoître tous les doutes, toutes les incertitudes qui pourroient s'être élevées, et aller retentir avec fracas dans nos colonies, et y causer de nouveaux désordres.

Je dis donc avec confiance à ceux qui ont fondé

la République , et qui aujourd'hui cimentent ses fondemens par la paix : Amis de l'humanité , il vous reste
en ce jour encore un grand acte de justice a consommer. Souffrirez - vous qu'on ose faire aux noirs ,
transplantés dans vos colonies par la violence , le vol
et la rapine , la condition pour être citoyens français,
d'avoir déclaré , *sept ans d avance* , qu'ils vouloient
se fixer sur le territoire français ?

Il s'agit seulement de savoir s'ils ont les sept ans de
résidence par le fait ; et personne ne peut révoquer
en doute leur résidence de fait. On sait que depuis la
révolution (c'est-à-dire depuis environ neuf ans) il
n'y a eu aucune introduction de noirs d'Afrique (1); ceux
qui existent aujourd'hui dans nos colonies ont donc
déja *vingt-deux mois de résidence* de plus qu'il ne faut.

Dira-t-on que cette résidence n'a pas été précédée
de la déclaration de vouloir résider ? Qui oseroit produire cette objection ? Mais l'ont - ils pu faire , cette
déclaration ? La loi leur a-t-elle laissé la faculté de la
faire ? N'étoient-ils pas contraints et enchaînés par une
force majeure ? N'étoient-ils pas comme de vils troupeaux n'existant que pour enrichir leurs maîtres? L'ancien
gouvernement ne l'a - t - il pas faite pour eux , cette
déclaration ? Oui , puisque par les lois qu'il faisoit,
qui permettoient , encourageoient , récompensoient
l'exploitation des hommes , il leur assignoit, leur pres-
crivoit impérativement, sous peine d'être mutilés , et
même *sous peine de mort* , de ne point quitter le domicile où ils étoient fixés. Les noirs avoient-ils une
volonté libre ? *Sur le choix de leurs fers , ont-ils été
consultés ?* et peut-on leur faire un crime ou un tort
de leur impuissance ? Les noirs étoient des mineurs :
c'est le gouvernement qui a stipulé pour eux ; c'est la
nation qui a été leur tuteur , leur mère-commune. La
révolution a trouvé les noirs sur le territoire français;
c'est la révolution qui a déclaré leur majorité : ils sont
de ce moment *des français d'adoption*.

(1) A Saint-Domingue.

Opinion de Dufay.   A 3

Viendra-t-on me dire que dès le commencement de la révolution ils n'étoient pas déclarés citoyens, qu'ils ne le sont que depuis le 16 pluviôse de l'an 2, qu'en conséquence ils ont encore trois ans à courir pour obtenir l'exercice de leurs droits politiques?

Si je ne craignois de prêter des armes aux ennemis de la République, et de leur fournir le prétexte d'atténuer la reconnoissance et l'amour que vous doivent les noirs pour avoir reconnu leurs droits par le décret *du 16 pluviôse an 2*, ce décret qui fait tant d'honneur à la Convention, et qui sera du nombre de ceux qui immortaliseront sa mémoire; si je ne craignois d'affoiblir ce grand acte de justice et d'humanité, je pourrois, d'un mot, pulvériser cette objection : mais au reste je n'y vois aucun inconvénient, puisque, sans rien ôter à la Convention de la gloire qu'elle a eue de rendre, le 16 pluviôse, *d'un vœu unanime*, l'immortel décret *de la liberté générale des noirs*; puisque je puis faire partager cette gloire à la première assemblée nationale, et faire remonter, pour le bonheur de l'humanité, les principes de la liberté jusqu'aux premiers jours de la révolution. Oui, la liberté des noirs étoit enveloppée avec celle des Français; elle date du même jour, *du 14 juillet* 1789, ou au moins du jour de la déclaration des droits. Du jour de la déclaration des droits, les noirs des possessions françaises étoient libres de droit, où vous, Français, vous ne l'étiez pas. La déclaration des droits du 20 *août* 1789 *fut l'acte de leur affranchissement.* Vous vous souvenez des termes de cette déclaration, et que c'est *en présence et sous les auspices de l'Être-Suprême* que le peuple français la proclama. Elle n'a pas dit : Les hommes de couleur blanche *SEULS naissent* et *demeurent libres* et *égaux en droits* : si elle l'avoit dit, la nation française auroit fait une chose contradictoire; elle auroit joint une déclaration d'esclavage à une déclaration de droits. En effet, on ne peut pas déclarer que tous les hommes sont libres et égaux en droits, et que tous les hommes ne le sont pas ; elle auroit sanctionné la violation de tous les droits.

La liberté des noirs, l'état et les droits de citoyens ont donc été une conséquence immédiate de la déclaration des droits, et remontent jusqu'à l'époque *du* 20 *août* 1789. Je pourrois ajouter, aux termes de cette même déclaration, ces droits ne peuvent être un don ni une concession, ils étoient inaliénables, ils sont imprescriptibles. La déclaration des droits est un aveu du principe sur lequel est fondée leur existence ; elle n'est ni une création ni une donation de ces droits. Le Corps législatif en est le gardien, et non le donateur.

Les noirs résidant à Saint-Domingue, tous *sans distinction ni qualification*, sont habitans de la cité ou du territoire ; ils sont donc citoyens, si, ayant l'âge convenu, ils remplissent, d'ailleurs, à l'avenir, pour l'exercice des droits politiques, les conditions voulues par la constitution.

Quand tous ces titres ne seroient pas aussi légitimes, ils en ont d'incontestables, consacrés par la constitution. Ils ont rempli la plus honorable condition pour les citoyens français, puisqu'ils sont dans le cas de l'art. 9. Ils ont mérité, ils ont acquis, au prix de leur sang, le titre si glorieux de citoyens français.

Ils l'ont mérité aussi par la loi du Corps législatif, du 18 messidor an 5, qui déclare que les *citoyens* composant l'armée de Saint-Domingue ont bien mérité de la patrie.

Depuis 1792 ils n'ont reçu aucun secours en hommes ; et réunis aux citoyens de couleur, dans les quartiers restés fidèles, ils ont constamment combattu et repoussé nos ennemis sous les ordres du général *Lavaux*, l'un de nos collègues du Conseil des Anciens, secondé d'un très-petit nombre d'officiers et de soldats européens, à qui je me plais à rendre hommage, et qui ont aussi fait de grands sacrifices à la patrie.

Tandis que la France étoit trahie et attaquée de

toutes parts , que déja on s'en partageoit les dépouilles, la regardant comme une proie assurée, l'armée de Saint-Domingue a maintenu la souveraineté nationale et le pavillon tricolor dans la plus importante de vos possessions d'Amérique , sans aucune nouvelle de France (on en ignoroit l'existence) ; sans argent, sans vêtemens , sans souliers , n'ayant que quelques graines de maïs ou de café pour nourriture, et ayant eu pendant plus de quatre mois une famine qui avoit réduit les républicains à se nourrir dans les camps de jus de cannes à sucre, qu'il falloit encore aller couper sous le feu de l'ennemi , qui les environnoit de toutes parts.

Les noirs de vos colonies, depuis le commencement de la guerre, ont imbibé de leur sang la terre des Antilles pour la défendre de l'invasion des Anglais et des émigrés, et pour se conserver Français. Ainsi , *ils ont conquis le nom de citoyens français , aux termes de la constitution :* je l'invoque pour eux *comme un droit.*

J'ai aussi de quoi répondre à ceux qui allégueroient qne la constitution prescrit le paiement d'une contribution ; je pourrois leur dire : L'article 9 n'impose aucune condition de contribution : ils ont deja contribué de leur service , de leur sang ; mais je ne réclame aucune faveur , et je ne sollicite aucune grace pour les noirs ; ils ne craindront point de payer une contribution , et je crois qu'ils s'en honoreront : ce sera pour eux un devoir qu'ils rempliront d'autant plus fidèlement , qu'il sera la conséquence et une des conditions du droit de citoyen. Ils sauront que l'impôt est le prix de la protection nécessaire pour assurer leurs droits, les droits de tous ; qu'il est le salaire légitime des juges qui doivent concilier leurs différends , des divers fonctionnaires publics qui veillent au maintien de la République, et ils le paieront volontiers.

Que si on m'opposoit une nouvelle difficulté , celle de la propriété , je répondrois qu'ils sont et doivent

9

être, à cet égard, dans la classe de tous les citoyens français : il ne faut pas, sans doute, qu'ils soient mieux traités ; mais ils ne doivent pas l'être moins favorablement. *Toute inégalité est aristocratie.* La constitution est la règle à suivre pour tous.

Eh ! comment pourroit-on exiger une propriété ? on les avoit dépouillés de la faculté d'en acquérir, de la propriété de leur temps, de la propriété de leurs forces, de la propriété de leurs personnes, enfin de tout ce qu'ils tenoient de la nature. Et si, pendant les deux heures seulement qui leur étoient données chaque jour pour prendre du repos, et de la nourriture, ou en prenant sur le sommeil de la nuit, ils faisoient quelques travaux ou commerce pour leur compte, qui leur procurât quelque profit ; s'ils acquéroient une petite fortune, à leur mort, tout ce qui devoit être le patrimoine de leur famille, tout devenoit, *par la loi même*, l'héritage et la propriété de ce qu'on appeloit leur maître.

Je ne prétends point ici inculper les proprietaires. Je dois convenir qu'ils ont toujours été bien plus justes que le gouvernement d'alors, et jamais ils n'ont profité de ce droit inique ; mais il ne s'agit pas de ce qu'on faisoit : il suffit de savoir que par l'atroce législation de l'ancien gouvernement on en avoit le droit.

Au reste, leur propriété existe, leurs titres sont authentiques ; leur propriété, elle est hypothéquée sur le sol qu'ils ont arrosé de leurs sueurs, de leurs larmes, et quelquefois de leur sang, sur les habitations qu'ils ont défrichées, établies, et fertilisées pour la mère-patrie.

Ces hommes, eux ou leurs ancêtres, *depuis cent cinquante ans*, ont travaillé, sans aucun salaire, au profit de la propriété nationale ; ils ont décuplé, centuplé la fortune de ceux qu'on appeloit leurs maîtres ; leurs bras robustes et laborieux ont enrichi la mère-patrie, tandis qu'on leur refusoit inhumainement le nom d'homme : en un mot, les noirs sont les premiers créateurs de toutes les richesses dans les colonies, ce

sont eux qui les ont établies ; on pourroit même dire
que ce sont les véritables *colons* : le mot *colon* ne
veut pas dire seulement habitant des colonies, mais
bien plutôt celui qui cultive. De pareils colons sont
bien plus utiles à l'Etat que les plus riches propriétaires de terres, qui ne peuvent rien sans eux.

Leur propriété, c'est la splendeur dont ont joui
vos colonies depuis cent ans, et les richesses immenses
qu'elles ont fait refluer en France ; richesses qui ont
nourri plusieurs millions d'hommes, et qui ont construit
les plus beaux édifices de nos villes maritimes.

Je crois avoir démontré, 1°. les inconvéniens et
même les dangers de créer deux classes, deux partis
parmi les noirs, par la *distinction* ou *qualification d'é-
trangers*, pour ceux qui ont été transplantés *malgré
eux* ;

Je crois avoir prouvé, 2°. que tous les noirs transplantés dans nos colonies ont le temps de résidence
ordonné par la constitution, et même au-delà ;

3°. Que ce seroit une injustice et un outrage à
l'humanité, d'exiger d'eux une déclaration qu'ils n'ont
pu faire antérieurement à leur résidence ;

4°. Qu'ils sont dans le cas de l'article 9 de la constitution, c'est-à-dire, citoyens sans aucune contribution, ayant fait, sans discontinuer, plusieurs campagnes
pour le maintien de la République, et ayant défendu
Saint-Domingue contre l'invasion des Anglais et des
émigrés ;

5°. Que, malgré l'article 9 en leur faveur, ils s'empresseront de payer les contributions ordonnées ;

6°. Qu'ils ont contribué efficacement à la prospérité
nationale, en établissant vos colonies, ce qui leur
constitue une propriété d'industrie, et même un véritable établissement de culture utile au commerce.

Ils ont donc satisfait, ou sont en état de satisfaire
à toutes les conditions exigées par la constitution ; ils
doivent donc être tous citoyens sans distinction, sans
qualification particulière, et aux mêmes conditions.

J'ajouterai encore : les habitans du département du Mont-Blanc, du Mont-Terrible, des Alpes-Maritimes, des départemens réunis de la Belgique, ont - ils été considérés comme étrangers, et soumis aux conditions pour les étrangers? A-t-on seulement songé à élever cette question? Penserez-vous à l'opposer aux Espagnols de la partie de Saint-Domingue nouvellement réunie?

Le droit de tous les départemens réunis date du jour de leur réunion, de leur association au peuple français. Les droits des noirs datent du 16 *pluviôse* an 2, jour du décret de l'abolition de l'esclavage, ou plutôt, comme je l'ai dit, ils datent du 14 *juillet :* ou bien, si l'on veut absolument exiger une formule de loi, ils datent *du 20 août 1789*, jour de la déclaration des droits proclamée par le peuple français. Vous voyez que cette époque est bien antérieure à celle de la réunion de nos nouveaux départemens : ils remontent encore plus haut ; ils datent du jour de leur importation sur le territoire français.

Je soutiens que ce sont *des Français d'adoption :* leur importation ne peut ni ne doit leur porter aucun préjudice ; au contraire, elle a été un attentat contre leur personne, dont ils auroient droit de vous demander justice ou réparation. Ou remettez-les au même état où vous les avez pris, en leur donnant des dédommagemens convenables, et des indemnités pour leurs travaux, ou bien adoptez-les dans la famille, et donnez-leur encore une fois à tous, et d'une manière claire et précise, par une loi positive du Corps législatif, les droits de citoyens qu'ils ont si bien mérités : *donnez-leur une nouvelle patrie, vous la leur devez.*

Faites par vos lois bienfaisantes qu'ils ne regrettent pas ce qu'ils ont perdu ; qu'ils oublient leur famille, leurs femmes, leurs enfans, leurs frères, le toit de leurs pères. Ne laissez pas subsister aucune trace de leur malheur : alors ils redoubleront d'efforts, de zèle et de dévouement pour accroître la prospérité nationale par leurs travaux.

Si quelques-uns d'entre eux desirent jamais de retourner dans leur pays, ce sera pour y annoncer combien ils sont heureux sur la terre de la liberté. Ils oublieront tous les maux passés en parlant de leur bonheur actuel; ils inviteront leurs frères à venir partager leurs travaux, à contribuer avec eux à la prospérité de vos possessions, et à mériter par là, après sept années de résidence, l'état et les droits de citoyen accordés par la constitution. Leurs frères déserteront les colonies de vos ennemis pour venir habiter *la terre sainte de la liberté* aux mêmes conditions.

Tous tressailleront de joie au nom de la République française qui leur a donné la liberté : leurs chants célèbreront vos bienfaits ; leur voix ne vous désignera qu'avec reconnoissance, et on ne prononcera jamais dans nos colonies le nom de la République et de la représentation nationale qu'avec une religieuse vénération (1).

---

(1) Je devois proposer une rédaction dans les mêmes termes du décret du 16 pluviôse an 2, qui dans le temps a subi *trois rédactions à diverses reprises*. Je me proposois cependant d'y ajouter la fin de l'article 15. S'ils sont attachés à la culture, s'ils servent dans les armées, s'ils exercent une profession ou métier.

BAUDOUIN, Imprimeur du Corps législatif, place du Carrousel, n°. 662.

RÉFUTATION

De quelques Assertions d'un Discours prononcé au Corps législatif le 10 Prairial, an cinq, par VIENOT VAUBLANC.

TOUSSAINT LOUVERTURE,

Général en chef de l'Armée de S.-Domingue,

AU DIRECTOIRE EXÉCUTIF.

CITOYENS DIRECTEURS,

Au moment où je pensais que je venais de rendre un service éminent à la République et à mes Concitoyens ; alors que je venais de prouver ma reconnaissance de la justice du Peuple français à notre égard ; alors que je croyais m'être rendu digne de la confiance que le Gouvernement a placée en moi, et que je ne cesserai jamais de mériter, un Discours prononcé dans le sein du Corps législatif, dans sa séance du 10 Prairial, an cinq, par Vienot Vaublanc, vient de m'être adressé des Etats-Unis, et j'ai la douleur, en le parcourant, d'y voir à chaque page mes intentions calomniées, et l'existence politique de mes frères menacée.

Un pareil Discours, dans la bouche d'un homme à qui la révolution, à Saint-Domingue,

A

a enlevé momentanément sa fortune, ne m'aurait point surpris ; celui qui perd a le droit , jusqu'à un certain point, de se plaindre ; mais que de pareilles déclamations, qui n'étaient pas propres à ramener le calme parmi nous, à exciter les cultivateurs au travail, et qui devaient au contraire produire l'effet de les aigrir, en leur laissant croire que des Représentans du Peuple français étaient leurs ennemis , aient pu être approuvées et sanctionnées par le Corps législatif lui-même ; c'est ce qui a dû profondément m'affecter.

Pour me justifier à vos yeux et aux yeux de mes concitoyens, dont j'ambitionne l'estime, je vais m'attacher à réfuter les assertions du citoyen Vaublanc, les dénonciations de ceux qui lui ont fourni des matériaux, et prouver enfin que les ennemis de notre liberté n'ont été mus, dans cette circonstance, que par un esprit de vengeance personnelle , et que l'intérêt public et le respect pour la Constitution ont été constamment foulés aux pieds par eux.

PREMIÈRE ASSERTION.

« Je chercherai quel est l'état de Saint-
» Domingue ; j'examinerai les actes des Agens
» du Directoire, et je prouverai que cette isle
» infortunée est parvenue au dernier degré
» de malheur ».

Convaincu, en réfléchissant sur l'esprit qui a dicté ce rapport, que le C. Vienot Vaublanc, représentant du Peuple , veut insinuer que les effets de ce malheur dérivent de la liberté donnée aux noirs , il me sera facile de démon-

trer que la liberté elle-même n'aurait produit
que le bien, si ceux qui avaient été chargés de
la dispenser, ne s'étaient servis de ce mot sacré
pour accroître leur puissance personnelle.

La partie du Nord, et sur-tout les environs
du Cap, sont les parties de la Colonie qui ont
le plus souffert par les effets de la révolution.
La ville du Cap a été de tous les tems, et sur-
tout pendant la révolution, le foyer de toutes
les discussions politiques et de toutes les intrigues. Là, les résistances ont été plus fortes,
et les noirs des environs, ainsi que les hommes
de couleur, témoins des projets désastreux de
quelques blancs à leur égard, ont été poussés
d'abord par eux, et ensuite pour leur sûreté
personnelle, à des actes de défense qui ont
ensuite produit la guerre civile : mais combien
me serait-il facile de démontrer, si je n'étais
pressé par le tems, que ce sont des Européens
eux-mêmes qui les premiers ont mis les torches
à la main de mes malheureux frères, et qui
ont joué les premiers rôles dans les assassinats
et les incendies qui se sont commis? Le quartier
de Caracole, qui n'était pas aussi directement
sous l'influence de la ville du Cap, et dont les
habitans ont également partagé le bienfait de
la liberté, est resté intact à travers la révolution : ses cultivateurs, occupés à-la-fois à
repousser les attaques des brigands et à cultiver
la terre, n'ont jamais abandonné leurs habitations, et aujourd'hui cette partie de la
Colonie est aussi florissante qu'avant la révolution. Les habitations de ce quartier ont été
affermées, les unes dans les autres, à plus de

cent milliers de sucre, valeur qu'on aurait eu beaucoup de peine à obtenir dans l'ancien régime, et les fermiers espèrent des bénéfices de leurs spéculations.

Quant à la partie du Nord, qui véritablement avait beaucoup souffert, l'ordre, relativement aux individus, y est aussi parfaitement rétabli qu'on puisse le desirer; la culture y fait des progrès sensibles tous les jours; toutes les habitations en sont affermées, et tous les fermiers se louent du zèle des cultivateurs. Le produit de cette première année, d'après les comptes qui ont été soumis au Gouvernement par la Commission, et qu'elle m'a communiqués elle-même, se porteront à 25 millions; la seconde année de la ferme, on espère les porter à 70, et obtenir une progression égale pour la troisième.

Ces résultats sont bien différens de ceux que le citoyen Vaublanc s'attache à présenter, et il y a loin de cette situation à celle décrite par ce représentant du Peuple, qui prouve, dit-il, que cette isle infortunée est parvenue au dernier degré de malheur.

SECONDE ASSERTION.

« Tout s'accorde à peindre la Colonie dans
» le plus affreux état de désordre, et gémis-
» sant sous le gouvernement militaire.

» Et quel gouvernement militaire! A quelles
» mains est-il confié? A des nègres ignorans
» et grossiers, incapables de distinguer la
» licence la plus effrénée de l'austère liberté,
» fléchissant sous les lois ».

Ce désordre affreux dans lequel la Commission trouva Saint-Domingue n'était pas la suite de la liberté donnée aux noirs, mais le résultat de l'événement du 3o Ventôse; car, avant cette époque, l'ordre et l'harmonie régnaient dans tous les lieux soumis à la République, autant que l'absence des lois pouvait le permettre. Tous les citoyens obéissaient aveuglément aux ordres du général Laveaux; sa volonté était pour eux la volonté nationale, et ils devaient lui être soumis comme à l'homme qui était revêtu de l'autorité émanée de la nation généreuse qui avait brisé leurs fers.

Si, à l'arrivée de la Commission, Saint-Domingue gémissait sous un gouvernement militaire, ce pouvoir n'était pas entre les mains des noirs; ils étaient en sous-ordre, et ils ne firent qu'exécuter les ordres du général Laveaux. Ce furent les noirs qui, lorsque la France était menacée de perdre cette Colonie, employèrent leurs bras et leurs armes pour la lui conserver, pour reconquérir la plus grande partie des lieux que la trahison avait livrés aux Espagnols et aux Anglais, et qui enfin arrêtèrent la contagion générale. Ce furent les noirs qui, avec les bons citoyens des deux autres couleurs, volèrent au secours du Général en chef dans l'affaire du 3o Ventôse, et qui, comprimant l'audace des factieux qui voulaient anéantir la représentation nationale, la restituèrent à son véritable dépositaire.

Telle fut la conduite de ces noirs entre les mains desquels le C. Vienot Vaublanc dit que le gouvernement militaire de S.-Domingue

A 3

se trouvait ; tels sont ces nègres qu'il accuse d'être ignorans et grossiers : ils le sont sans doute, parce que, sans l'éducation, il n'est qu'ignorance et grossièreté. Mais doit-on leur imputer à crime ce défaut d'éducation, ou bien en accuser ceux qui, sous les peines les plus atroces, les empêchaient de l'obtenir ? Et n'appartiendra-t-il qu'aux peuples civilisés de distinguer le bien et le mal, d'avoir des notions justes sur la bienfaisance et la justice ? Les hommes de Saint-Domingue ont été privés de l'éducation ; mais par cela même ils sont restés plus près de la nature, et ils ne méritent pas, parce qu'ils ne sont pas arrivés à ce degré de perfection que l'éducation donne, de faire une classe à part du reste du genre-humain, et d'être confondus avec les animaux.

« Ils sont incapables, selon Vaublanc, de » distinguer la licence la plus effrénée de » l'austère liberté, fléchissant sous les lois ».

Sans doute on peut reprocher aux habitans de Saint-Domingue, sans en excepter les noirs, beaucoup de fautes, même de crimes affreux. Mais, en France même, où les bornes de la sociabilité sont posées, n'a-t-on pas vu ses habitans, dans la lutte entre le despotisme et la liberté, se porter à tous les excès que les ennemis des noirs reprochent à ces derniers ? L'acharnement des deux partis a été égal à Saint-Domingue ; et si les excès des noirs, dans ces momens de crise, n'ont pas excédé la mesure de ceux qui se sont commis en Europe, n'est-ce pas en faveur des premiers

qu'un juge impartial doit prononcer? D'après
l'assertion de nos ennemis eux-mêmes, qui
nous présentent comme des êtres ignorans et
grossiers, ne sommes-nous pas plus excusables
que ceux qui n'étaient point privés comme
nous des avantages de l'éducation et de la
civilisation ? Entourés d'ennemis acharnés,
de maîtres souvent cruels ; sans autre appui
que les intentions bienfaisantes des amis de
la liberté en France dont nous connaissions
à peine l'existence, poussés d'erreurs en excès
par les partis contraires qui se détruisaient
rapidement ; ne connaissant d'abord des lois
de la Mère-Patrie que ce qui pouvait favoriser
les prétentions de nos ennemis, et, depuis
notre liberté, ne recevant que de six mois en
six mois, ou d'année en année, des instructions de notre gouvernement, aucuns
secours, presque toujours des injures ou des
diatribes de la part de nos anciens oppresseurs,
comment ne pourrait-on pas nous pardonner
quelques momens d'égaremens, quelques fautes
grossières, dont nous avons été les premières
victimes ? Pourquoi sur-tout vouloir faire
rejaillir sur les hommes sans reproches, sur
la grande majorité des noirs, les fautes de
la moindre partie qui, avec le tems, a été
ramenée, par les soins des premiers, à l'ordre
et au respect des autorités supérieures ?

TROISIÈME ASSERTION.

« La partie française, écrit le général Ro-
» chambeau, est la propriété de quatre corps
» d'armée de noirs ou de quatre individus. »

Il m'est douloureux d'être obligé de réfuter ici ce qu'a avancé un homme que j'avais vu revenir avec plaisir à Saint-Domingue. La partie du Nord, à son arrivée, était en effet sous le régime militaire; mais c'était la France qui l'avait voulu ainsi, puisqu'elle ne nous avait point envoyé d'autorités civiles, et que nous ne connaissions pas la Constitution. Mais qu'il cite une circonstance dans laquelle un chef noir a formellement désobéi aux ordres de la Commission, qu'il prouve que, lorsqu'elle m'a appelé pour me confier des opérations difficiles, j'ai hésité de lui obéir. Si nous n'avions pas été de véritables soldats de la Patrie, si nous n'eussions pas été animés de l'ardent desir de la défendre, si nous avions voulu nous rendre indépendans, et n'agir que d'après notre propre volonté, on pourrait, les Arrêtés de la Commission à la main, nous accuser de désobéissance : mais au contraire, nous avons toujours été fidèles observateurs des lois, quand ceux qui en étaient les dépositaires ont parlé en leur nom.

Sans doute nous n'aurions pas obéi à des chefs qui nous auraient ordonné de livrer la Colonie à l'ennemi, qui nous auraient ordonné de déclarer l'indépendance de la Colonie, qui nous auraient prescrit des assassinats ; mais toujours, quand ils nous ont ordonné d'arrêter les troubles, de ramener à l'ordre des hommes égarés, nous avons été dociles à leur voix.

QUATRIÈME ASSERTION.

« Je croyais en arrivant ici, continue le
» général Rochambeau, que j'allais y trouver
» les lois de la liberté et de l'égalité établies
» d'une manière positive; mais je me suis
» cruellement trompé; il n'y a de liberté sur
» cette terre que pour les commandans des
» Africains et des hommes de couleur, qui
» disposent du reste de leurs semblables
» comme des bêtes de somme. Les blancs sont
» vexés et humiliés par-tout ».

Si le général Rochambeau avait calculé en
philosophe la marche des événemens, et sur-
tout celle de l'esprit humain, il n'eût pas trouvé
étonnant que les lois de la liberté et de l'égalité
ne fussent pas établies d'une manière précise
dans une contrée de l'Amérique dont les rapports avec la Métropole avaient été si long-
tems négligés; il eût senti que, lorsque les Européens se rendaient journellement parjures
en livrant leurs quartiers aux ennemis de leur
Patrie, la prudence dictait au Gouvernement
d'en confier la défense à des hommes de couleur
et à des noirs dont les intérêts étaient inti-
mement liés au triomphe de la République;
il eût senti que le gouvernement militaire qui
régissait alors la Colonie, donnant aux commandans des quartiers de grands pouvoirs, ils
pouvaient errer dans le dédale d'incertitude où
le plongeait le silence des lois; il se fût rappelé
que la Martinique, défendue par des Européens, devint la proie des Anglais, et que
Saint-Domingue, défendu par des noirs et des

hommes de couleur, qu'il accuse, resta constamment fidelle à la France. Plus juste, il eût
attendu, avant de prononcer, l'effet que devait
nécessairement produire la connaissance des
lois ; moins partial, il n'eût pas généralisé les
intentions des noirs à l'égard de quelques blancs
anti-républicains ; il n'eût pas assuré qu'ils
étaient tous vexés et humiliés. Je n'en appelle-
rai pas à ceux d'entr'eux qui, fidèles aux principes de la Constitution, les ont respectés jusques
dans la couleur des hommes que l'orgueil et la
cupidité avaient proscrite : il était naturel que
les noirs leur payassent le tribut de leur reconnaissance ; mais c'est à ceux qui s'en décla-
rèrent ouvertement les ennemis, qui les com-
battirent, et qu'un retour, plus ou moins sincère, a ramené parmi nous, et réconcilié avec
leur patrie; c'est à ceux-là que j'en appelle pour
rendre hommage à la vérité : qu'ils disent s'ils
ne furent pas accueillis et protégés ; et si,
lorsqu'ils ont professé des sentimens républicains, ils ont éprouvé la moindre vexation.
Que les Propriétaires de Saint-Domingue, que
les Européens qui s'y rendent, au lieu de
devenir les échos du citoyen Vaublanc, en
cherchant à répandre des doutes sur la liberté
du Peuple noir, y montrent l'intention de la
respecter ; ils verront s'accroître dans le cœur
de ces hommes l'amour et l'attachement qu'ils
n'ont cessé de porter aux blancs en général
et à leurs anciens maîtres en particulier, malgré tout ce qu'ils ont tenté pour les rendre à
l'esclavage et rappeler à Saint-Domingue le
règne de la tyrannie.

CINQUIEME ASSERTION.

» Il sera, je crois, difficile, poursuit le
» général Rochambeau, de rétablir l'ordre
» parmi les dilapidateurs, parce que, disposant
» des Africains, ils les pousseront à la révolte
» quand on voudra diminuer leur influence et
» leur crédit ; je ne crains pas même de vous
» prédire qu'après les avoir armés, on sera
» obligé de leur faire la guerre pour les ren-
» dre un jour à la culture. »

La prédiction du général Rochambeau s'ac-
complirait sans doute, s'il revenait à la tête
d'une armée pour rendre les noirs à l'esclavage,
parce qu'alors la Constitution d'une main, ils
défendraient la liberté qu'elle garantit ; mais
que cette armée soit nécessaire pour les forcer
à reprendre leurs travaux agrestes, c'est ce qui
est déja complétement démenti par ce qu'il
s'est fait depuis un an relativement à la culture.
Je ne répétérai point ici ce que j'ai dit dans
le commencement de ma lettre ; mais je ne serai
point démenti quand j'avancerai que la culture
prospère à Saint-Domingue au-delà même des
espérances des véritables amis de cette Colonie,
que le zèle des cultivateurs y est aussi satis-
faisant qu'on puisse le desirer, et que les effets
de leurs travaux agrestes peuvent surprendre,
quand on réfléchit qu'au milieu d'une guerre
ils sont souvent obligés de prendre les armes
pour notre propre défense et celle de notre
liberté, à laquelle nous tenons plus qu'à la vie ;
et s'il se trouve parmi eux quelques hommes
assez stupides pour ne pas sentir la néeessité

du travail, leurs chefs ont assez d'empire pour
leur faire comprendre que, sans le travail, il
n'est pas de liberté. Que la France soit juste
envers ses enfans des Colonies, et bientôt son
commerce et ses habitans ne regretteront plus
les richesses qu'ils en tiraient dans sa plus
grande prospérité : mais si les projets du citoyen
Vaublanc pouvaient avoir quelque influence
sur le Gouvernement Français, qu'il se sou-
vienne qu'il existe, dans le sein de la Jamaïque,
sur les Montagnes Bleues, un petit nombre
d'hommes assez jaloux de leur liberté, pour
avoir forcé jusqu'à ce jour l'orgueil et la puissance anglaise à respecter des droits qu'ils
tiennent de la nature, et que la Constitution
française nous garantit.

SIXIÈME ASSERTION.

« J'ai parcouru, continue le général Ro-
» chambeau ; j'ai visité avec attention la tota-
» lité de la partie du Nord et une partie de
» celle de l'Ouest, et par-tout j'ai vu les symp-
» tômes du même mal, ou le mal lui-même
» dans toute sa force et sa laideur. »

Ici, citoyens Directeurs, j'ai à répondre à
un reproche personnel ; et j'interpellerai le
général Rochambeau lui-même, pour le
ramener à la justice, à la vérité.

J'avais cru jusqu'à ce jour que la loyauté et
la franchise étaient l'essence du caractère du
militaire français. Comment se fait-il que la
même personne, le général Rochambeau lui-
même, qui me félicitait aux Gonaïves sur le
bon ordre qui régnait sur les habitations de

l'Ouest et sur la discipline à laquelle étaient
soumis les cultivateurs , écrive d'une manière
si différente ? Dans un dîné que je donnai à ce
Général , il me félicita sur la situation du département dans lequel je commandais : J'avoue,
me disait-il , que j'ai été affligé de l'état des
cultures dans la partie du Nord ; mais en entrant dans votre département , et en le parcourant , j'ai été infiniment satisfait de l'ordre de
choses que vous y avez établi ; j'avoue même
que votre ligne de défense , contre nos ennemis , est très-bien tirée ; ces aveux , que je ne
sollicitais pas , sont un peu différens de ceux
qu'il a faits en France.

SEPTIÈME ASSERTION.

« Vous pouvez vous faire une idée du déla-
» brement général , dit enfin le général Ro-
» chambeau , en vous rappelant que Saint-
» Domingue exportait autrefois environ deux
» cent millions de denrées coloniales : aujour-
» d'hui le revenu peut à peine suffire à mal
» nourrir les troupes qui y sont en garnison ;
» ces mêmes troupes n'y sont pas vêtues , et ne
» reçoivent même pas le quart de leur solde ;
» je crois pouvoir assurer , ajoute Vaublanc ,
» que ces troupes , qui sont europeennes , ne
» montent pas a 400 hommes. »

Il fallait nécessairement atténuer la vérité
pour donner à la France une idée conforme
aux intentions d'un certain parti , de l'état du
délabrement de Saint-Domingue. Les revenus
sont loin d'être portés au point où ils arri-
veront dans peu d'années ; car j'espère vivre

assez long-tems pour voir la Colonie portée à
un degré de prospérité inconnue avant la révolution : je m'en repose sur le génie de la liberté ;
mais au lieu de 400 hommes de troupes , mal
nourries, mal habillées, sans solde , et presque
sans ration , la ration et la demi-solde se distri-
buent à environ 50 mille hommes, qui, quoique
moins bien habillés qu'en Europe , n'en sont
pas moins vêtus. Il y a encore loin , je l'avoue,
de ces produits aux 200 millions de denrées que
la Colonie exportait autrefois : mais si, moins
prévenu, l'on veut se rappeler que la révolution n'a pu s'opérer à Saint-Domingue que
par l'entier abandon de la culture , puisque ce
fut la masse entière des cultivateurs qui ,
pour résister à l'oppression , fut obligée de
prendre les armes ; si l'on considère que les
ennemis toujours renaissans de leur liberté
et leurs tentatives continuelles ne leur per-
mirent pas de les déposer jusqu'à ce qu'elle fût
établie sur des bases solides, on s'étonnera sans
doute alors qu'à la fin de cette année (v. s.)
ces revenus puissent s'élever à 50 millions,
dont moitié pour la partie du Sud, et l'autre
moitié pour la partie du Nord, qui n'a pas
cessé encore d'être le théâtre de la guerre ; ce
qui oblige à l'entretien d'une force imposante
et nuit beaucoup aux progrès de la culture ,
lorsque sur-tout les ennemis intérieurs de sa
prospérité ne cessent de lancer parmi nous les
brandons de la discorde , et cherchent à nous
inspirer des craintes sur notre liberté , au moment même où tous les noirs sont occupés ,

à fournir à la subsistance de ceux qui combat-
tent pour son triomphe.

HUITIÈME ASSERTION.

«Peu de tems après leur arrivée, les Agens
» eurent l'imprudence d'accueillir les nègres
» qui avaient combattu sous Jean-François,
» chef des révoltés, qui avaient incendié la
» plaine et détruit la plus belle partie de la
» Colonie. (Et plus bas :) Les nègres abandon-
» nent par-tout la culture ; leur cri actuel est
» que ce pays leur appartient, qu'ils ne veu-
» lent pas y voir un seul blanc. En même
» tems qu'ils jurent aux blancs, c'est-à-dire,
» aux vrais Français, une haine féroce, ils se
» font entr'eux une guerre cruelle. »

A dieu ne plaise, que pour rendre meilleure
la cause des noirs, je désavoue les excès auxquels une partie d'entr'eux s'est portée ;
loin de moi tout subterfuge ; je dirai la
vérité, fût-elle contre moi-même. Je con-
fesse que les reproches que l'on fait ici à la
troupe de Jean-François sont justement mérités. Je n'ai pas attendu jusqu'à ce jour pour
déplorer son aveuglement : mais c'était le
délire de quelques individus, et non pas celui
de tous les noirs ; et doit-on confondre sous
la même dénomination de brigands, ceux qui
commirent des brigandages, d'avec ceux qui les
réprimèrent ; ceux qui persistèrent dans une
conduite coupable, avec ceux qui les combat-
tirent et les firent rentrer dans le devoir ? Si,
parce que quelques noirs ont commis des
cruautés, on pouvait arguer de-là que tous les

noirs sont cruels, on aurait le droit d'accuser
de barbarie les Français d'Europe et toutes les
nations du monde. Mais le sénat français ne
partagera pas une telle injustice ; il saura repousser les passions qui font agir les ennemis
de la liberté ; il ne confondra pas avec une
troupe sans frein, sans discipline, des hommes
qui, depuis le règne de la liberté à Saint-
Domingue, ont donné des preuves sans réplique de fidélité à la République, ont répandu leur sang pour elle, ont assuré son
triomphe, et qui, par des actes de bonté et
d'humanité, par leur retour à l'ordre et au
travail, par leur attachement à la France, ont
bien racheté une partie des erreurs où leurs
ennemis les poussèrent, et où leur ignorance
les entraîna. Dociles à la voix de la raison,
ils y reviendront toujours, lorsque leurs véritables amis sauront se faire entendre.

S'il était vrai que les noirs fussent assez
injustes pour penser que les propriétés de St-
Domingue leur appartiennent, pourquoi ne
s'en seraient-ils pas rendus les maîtres, en
chassant les hommes des autres couleurs, qu'il
leur serait bien aisé de maîtriser par leur
nombre ? S'ils avaient juré aux blancs une
haine féroce, comment se fait-il que la population blanche de la ville du Cap égale en ce
moment la population noire et celle des hommes de couleur ? Comment se fait-il que parmi
les fermiers des sucreries de la plaine du Cap,
plus de la moitié d'entr'eux soient blancs (1) ?

_____

(1) Sur deux cent quinze habitations en sucre, mises en
Si

Si l'union et la fraternité ne régnaient pas
parmi les hommes de toutes les couleurs,
verrait-on les blancs, les rouges et les noirs
vivre dans la plus parfaite égalité? Verrait-on,
sans l'union de toutes les couleurs, des soldats
européens courir avec les noirs la même carrière que leurs concitoyens d'Europe? Les
verrait-on s'animer aux combats, et n'obtenir
souvent des triomphes qu'à leurs nobles
émulations?

Et puis que le citoyen Vaublanc vienne s'attacher à remuer les passions des hommes de
Saint-Domingue, à rétablir des préjugés barbares, en publiant que les blancs, à Saint-
Domingue, sont les seuls vrais Français!
Entend-il sous cette désignation les traîtres
salariés par l'Angleterre, ceux qui, à la suite
de trahisons odieuses, ont introduit cette nation perfide sur le territoire de la liberté? Dans
ce cas, nous tenons à honneur de ne pas mériter
ce nom honorable; mais si les amis de la liberté
classent sous cette dénomination respectable
les hommes soumis de cœur et d'esprit à la
Constitution française, à ses bienfaisantes lois,
les hommes qui chérissent les Français amis de

activité dans la partie du Nord, environ cent soixante-dix
ont été affermées à soixante-dix personnes ou environ. dont
plus de la moitié sont blancs; je les nomme Brassier, Arrau,
Chailloux, Gaudichaux, Barney, Wilson, Grenier, Azaïs,
Yurpeau, Bailli Blanchard, Lohier Beaupuy, Hussey,
Prioleau, Botex, Gauthier, Martin, Gottarel, Bernard,
Fougeret, Gilleron aîné et cadet, Jakson, Vincent,
Delfau, Albert, Gerbier, Finot, Idlinger, Pons, Sal-
lenaye, Théveneau, Davis, Thomas, Pillier, Astier,
Lapeyre, Nicoleau, Coleau, etc., etc.

B

leur pays, nous jurons que nous avons et que nous aurons toujours le droit d'être appelés Citoyens français.

NEUVIÉME ASSERTION.

« Alternativement tyrans et victimes, ils
» outragent les plus doux sentimens de la
» nature ; ils renoncent à ses plus douces
» affections, et vendent aux Anglais leurs
» propres enfans ; trafic infame, qui, aux yeux
» de l'humanité, déshonore l'acheteur et le
» vendeur ».

J'avoue en frémissant que le reproche fait à des noirs insurgés des montagnes de la Grande-Rivière, combattant sous la bannière des Anglais, sous la conduite des Emigrés français, d'avoir vendu des noirs, n'est malheureusement que trop fondé ; mais ce reproche a-t-il jamais été fait aux noirs fidèles à la République ? Et ces misérables n'ont-ils pas été poussés à ces actes d'infamie par des blancs, les Rouvrai, les Cambefort, les Montalembert, les Debruges (1), tous partisans du système que le ci-

_____

(1) Par le moyen des émigrés et leurs chefs que je viens de citer, les Anglais avaient obtenu quelqu'influence sur les noirs insurgés de la Grande-Rivière ; mais les uns et les autres avaient senti qu'ils ne pourraient la conserver long-tems qu'en leur parlant de liberté. Ces malheureux, qui avaient quitté leurs habitations et abandonné la culture pour s'attacher à des chefs ambitieux et perfides qui ne s'occupaient qu'à les trahir, étaient tombés dans la plus affreuse misère. Les Anglais et leurs émissaires étaient parvenus à les irriter contre la France et les noirs républicains, en leur persuadant qu'on voulait les ramener à l'esclavage. En conséquence, ils leur avaient offert des muni-

toyen Vaublanc semble vouloir réintroduire
dans la Colonie ? Le citoyen Vaublanc verse sur
des hommes égarés, puisqu'ils étaient en même-
tems coupables et victimes, tout l'odieux que
méritent des actions aussi criminelles, également réprouvées par les lois de la nature et de
l'ordre social : mais pourquoi ne s'attache-t-il
pas en même-tems à flétrir les monstres qui ont
appris ces crimes aux noirs, et qui tous, par
une barbare cupidité, ont été sur la côte
d'Afrique arracher le fils à sa mère, le frère à
sa sœur, et le père à son fils ? Pourquoi n'ac-
cuse-t-il que ceux qui, retenus dans l'ignorance
par des lois injustes, que sans doute il voudrait
voir revivre, ont pu d'abord méconnaître leurs
droits et leurs devoirs, au point de devenir les
instrumens de leur propre infortune, et qu'il
passe l'éponge sur les attentats commis de sang-
froid par des hommes civilisés comme lui,
et par cela même bien plus atroces, puisqu'ils
faisaient le mal en connaissance de cause, et

---

tions et des armes pour défendre leur liberté ; et en
même-tems qu'ils leur faisaient ces perfides présens, ils
ne voulaient recevoir en payement que des esclaves ; et ces
hommes égarés, n'ayant rien autre chose à leur donner depuis qu'ils avaient abandonné la culture, avaient consenti
à leur livrer des femmes et des enfans. Quel est le plus
coupable dans cette circonstance, celui qui vend ou celui
qui achète ? Aujourd'hui que l'influence des Anglais et des
émigrés a cessé dans les montagnes de la Grande-Rivière,
cet infame trafic y est sans exemple ; la paix et l'ordre y
sont parfaitement rétablis ; la culture y a fait des progrès
rapides, et les hommes de toutes les couleurs y voyagent
aussi sûrement que dans toutes les autres parties de la
Colonie.

B 2

chez lesquels l'appât de l'or faisait taire le cri
de leur conscience ? Le crime de l'homme
puissant sera-t-il donc toujours encensé ? Et
l'erreur de l'homme faible sera- -elle un motif
d'oppression pour lui et sa postérité ? Non...
J'en appelle à la justice de la Nation française.

DIXIÈME ASSERTION.

« Les Généraux quittent leur poste, déso-
» béissent aux ordres de la Commission ; ils
» vexent, pillent les cultivateurs; les opprimés
» n'osent pas même élever la voix ; et la Com-
» mission, considérant sa faiblesse, sent
» qu'elle compromettrait son autorité si elle
» essayait de faire un exemple ».

Il est à ma connaissance que le général
Pierre-Michel, qui avait été envoyé contre les
révoltés de la Grande-Rivière, quitta son poste
pour se rendre au Cap pendant les premières
élections; mais à qui doit-on reprocher cet acte
de désobéissance? Est-ce aux Généraux, aux
noirs ou à Sonthonax lui-même, qui, sans doute,
selon l'usage, accusait dans cette circonstance
un citoyen pour avoir exécuté les ordres qu'il
lui avait donnés lui-même? Sonthonax voulait
diriger les élections à son gré; Pierre-Michel
lui était alors entièrement dévoué; et Sonthonax, chargé de la guerre, fut accusé lui-
même à cette époque, par l'opinion publique
et par ses collégues, d'avoir excité Pierre-Michel
à désobéir aux ordres de la Commission,
comme je l'ai accusé moi-même, après l'avoir
bien connu, d'avoir cherché à se servir des

noirs comme d'instrumens à son ambition et à ses atroces projets.

Maintenant que la Commission a fait l'essai de son autorité, et que sans la compromettre, elle a fait un exemple en mettant en arrestation Pierre-Michel, général noir, dont ses frères ont été les premiers à blâmer la conduite; maintenant que la Commission l'a destitué de ses fonctions, et qu'elle a pourvu à son commandement, cette assertion tombe d'elle-même. Plus assurée d'opérer le bien par l'estime et la confiance qui l'environne, que par la force des armes dont elle n'a pas besoin au milieu d'un peuple toujours prêt à obéir à ses ordres, elle ne cherchera plus à jeter de la défaveur sur des hommes dont le cœur est bon, et dont ils étaient intéressés de calomnier leur attachement à la France. Mais que dis-je? les intriguans, les ambitieux, les hommes perfides qui en faisaient partie, ne sont plus à Saint-Domingue; Leblanc et Sonthonax sont partis, et désormais les désordres qu'ils cherchaient à exciter pour voiler leur turpitude, asseoir leur domination, à se supplanter l'un l'autre, sauf ensuite à accuser les noirs après les avoir égarés, n'agiteront plus cette Colonie.

ONZIÈME ASSERTION.

« Dans la partie du Nord, un peu moins
» scandaleusement, les fonctions militaires
» principales sont aujourd'hui occupées par
» des Généraux noirs, et dans l'une et dans
» l'autre partie, il serait également dangereux
» de destituer un Général de couleur. Quant

B 3

» aux blancs, leur destitution ne souffrirait
» pas la moindre difficulté ».

Tandis que Sonthonax, pour se soustraire
à l'œil observateur des blancs, s'attachait à
éloigner de la Colonie ceux qui ne lui étaient
pas dévoués (et dans ce nombre je ne com-
prends pas le général Rochambeau, contre
l'éloignement duquel Sonthonax protesta), il
nous accusait de les voir avec peine: eh bien!
Sonthonax mentait ; car alors, comme à son
départ, il y avait dans la partie du Nord plus
de commandans blancs que de noirs; et je les
cite : le général de brigade Bedos, commandant au Port-de-Paix; le général de brigade
le Suire, commandant à la Tortue ; le commandant Pellet, à Jean-Rabel (1); Zick, à
Bombarde; Mongeot, à Saint-Louis; Dalban
au Fort-Liberté; Grandet, à Monte-Christ ;
Chorié, au Borgne; Dhébécourt, commandant de la place au Cap; Barré à Laxavon;
Desfournaux, commandant la division du
Nord, au Cap; et le général de Brigade Agé,
dont j'ai sollicité moi-même l'avancement, et

_____

(1) Le chef de brigade Pellet commandait le Borgne avant
Jean-Rabel ; mais ayant eu des altercations avec le préposé
de cette première paroisse, il fut destitué par Sonthonax,
parce que sans doute il nuisait à ses projets. Il me fut
présenté comme une victime de cet homme ambitieux ; je
ne le connaissais que par sa correspondance : le service
l'obligeait d'en avoir avec moi. Mécontent de sa destitution, je me portai chez le commissaire Sonthonax, qui,
pour arranger cette affaire, me proposa de lui accorder sa
retraite et de lui permettre son retour en France : je ne
voulus ni l'un ni l'autre, et obtins pour lui une lettre de
service pour commander l'arrondissement de Jean-Rabel.

qui, en sa qualité de chef de l'état-major de
l'armée, donne des ordres à tous les Chefs
noirs (1). Si j'ai accepté moi-même des grades
supérieurs, on ne pourra me faire le reproche
de les avoir sollicités; Sonthonax m'a long-
tems pressé de me charger du commandement
en chef avant de me décider. Ai-je rempli
ma tâche de manière à m'attirer la confiance
de la République ? C'est ce que je laisse décider à mes concitoyens. Je n'ai pas, il est vrai,
eu le bonheur de recevoir une éducation bril-
lante pour remplir des fonctions aussi importantes, avec tout l'éclat qu'un homme façonné
par l'instruction pourrait leur donner; mais
en attendant que le Gouvernement français
m'ait désigné un successeur, s'il juge que je ne
mérite pas sa confiance, je jure, sur la Constitution, qu'il peut compter sur un zèle à toute
épreuve, les intentions les plus pures, et sur un
attachement respectueux à la République et à
ses lois.

DOUZIEME ASSERTION.

« Ce n'est pas parce que les nègres craignent
» pour leur liberté que la Colonie est si mal-
» heureuse ; les agens le disent eux-mêmes,

---

(1) Les places de l'administration, celles des tribunaux,
sont presque toutes occupées par des blancs : les noirs et
les hommes de couleur se rendent assez de justice et
savent qu'ils n'ont pas assez de connaissance pour prétendre à de tels emplois ; il leur suffit que, pour preuve
de l'existence d'une véritable égalite, on leur permette
de partager avec les blancs les fonctions militaires, et ils
ne se plaignent pas que les seules places qu'ils occupent
soient précisément celles qui les exposent à tous les dangers.

» les préjugés pèsent aujourd'hui sur ceux-là
» même qui ont tant souffert pour les détruire.
» (Et plus bas.) Parler de lois aux nègres,
» c'est les occuper d'objets trop métaphysiques,
» inintelligibles pour eux; un homme est tout
» pour eux; à sa voix ils se laissent entraîner;
» son nom est pour eux synonyme de celui de
» Patrie pour un homme libre (Plus bas
» encore :) La Commission, réduite à faire des
» Proclamations dans un pays ou les quatre-
» vingt-dix-neuf centièmes des individus ne
» savent pas lire, la Commission voit à
» chaque instant ses intentions, ses Arrêtes
» mal-interprétés, quelquefois censurés avec
» aigreur, rarement exécutés ».

Quand on a des projets criminels à couvrir,
on est bien obligé de se servir du voile de l'im-
posture. Peu importe le mal qu'on fait, pourvu
qu'on réussisse Lorsque, pour se débarrasser
de surveillans incommodes, des agens infidèles (1) forcent des citoyens et des officiers
de tout grade à abandonner la Colonie, il
n'est pas étonnant que, pour se garantir du
reproche, ils rejètent la nécessité de leur
éloignement sur la prétendue haine que les
noirs portent aux blancs. Lorsque, pour
attiser cette haine, ils emploient des manœuvres sourdes et perfides pour faire arborer
l'étendard de la révolte; qu'ils méditent eux-
mêmes l'égorgement des blancs, il n'est pas

(1) Je ne confondrai pas avec ces agens infidèles ceux
de leurs collègues qui se sont montrés dignes de la confiance de la France; elle doit les connaître.

étonnant que, pour cacher la part qu'ils ont dans ces complots, ils insinuent qu'aux yeux des noirs une figure blanche est une figure de proscription. Lorsque pour assurer leur fortune et s'attacher des partisans, ils pressurent les finances, il n'est pas étonnant que pour empê-cher le Gouvernement d'ouvrir les yeux sur leurs dilapidations, ils présentent les noirs sous l'aspect qui contrarie le plus la prospérité de la culture. Lorsque bien loin d'assurer le règne des lois, ils soufflent le feu de la dis-corde, il n'est pas étonnant qu'ils assurent que les lois sont pour les noirs des objets trop métaphysiques et inintelligibles. Lorsque pour amener à son terme un projet d'indépendance, il fallait que Sonthonax se maintînt à Saint-Domingue, il n'est pas étonnant que pour empêcher son rappel et faire sentir la nécessité de sa présence dans un pays où il proclama le premier la liberté, il dise qu'*un homme est tout pour les noirs ; qu'à sa voix ils se laissent entraîner, et que son nom est pour eux syno-nyme de celui de Patrie pour un homme libre.*

TREIZIÈME ASSERTION.

« On ne peut se dissimuler que l'existence
» des Européens, dans la Colonie, ne soit
» extrêmement précaire. Dans le Sud, dans les
» montagnes de l'Est, lorsque les noirs se sont
» mis en insurrection, c'est toujours contre les
» Européens qu'ils se sont dirigés. Depuis notre
» arrivée, il en a péri un grand nombre de cette
» manière, et nous avons la douleur de voir

» que nous sommes sans moyens pour les
» réprimer ».

Une preuve sans réplique que ces révoltes
partielles ne furent que l'effet des machinations
perfides des ennemis de la prospérité de Saint-
Domingue, c'est qu'elles s'appaisaient toujours
devant l'autorité de la loi ; c'est que le glaive
même de la justice , en frappant de mort ceux
qui en furent les chefs, ne les propagea jamais.
La mort de Chasseur mit un terme à la rebellion
qu'il entretint trop long - tems , et son parti
s'aneantit avec lui. Une preuve non moins
convaincante que leur systême n'était pas de
massacrer les blancs , c'est qu'à peine sortis de
l'abyme où leur ignorance et la scélératesse
d'autrui les plongea , ils revirent toujours les
blancs avec plaisir ; c'est que , malgre tout ce
qu'on a osé tenter pour consommer l'anéan-
tissement de ces derniers , les villes en sont
encore remplies, et les campagnes s'en repeu-
plent ; mais dans la supposition même que les
maux qu'ont entraîné ces mouvemens seraient
l'ouvrage de la scélératesse de quelques noirs,
doit-on en accuser ceux qui n'y participèrent pas
et qui frémissaient d'horreur à la nouvelle de ces
désastres ? C'est pourtant l'injustice qu'on fait
au Peuple noir ; et sur le crime de quelques
individus on a la légèreté de nous condamner
tous ; on oublie, en un instant, nos services
passés, ceux que nous pouvons rendre encore,
notre fidélité à la France et notre reconnaissance. Et que dirait le citoyen Vaublanc, si,
parce que la révolution française a produit des

Marat, des Robespierre, des Carrier, des
Sonthonax, etc. etc. etc., les traîtres qui ont
livré Toulon aux Anglais ; parce qu'elle a produit les scènes sanglantes de la Vendée, les
massacres du 2 Septembre, l'égorgement d'une
grande partie de la Convention nationale, de
ses membres les plus vertueux, des plus sincères amis de la République et de la liberté en
France et dans ses Colonies ; si parce que des
troupeaux d'Emigrés ont pris les armes contre
leur patrie, qu'ils avaient d'avance vendue aux
Puissances étrangères, une voix s'élevait de
Saint-Domingue, et criait au Peuple Français :

« Vous avez commis tous les crimes, et
» vous êtes sans excuse, parce que plus ins-
» truits, plus civilisés que nous, vous deviez
» les éviter. Les discussions du Corps législatif,
» ses lois qui vous étaient rapidement trans-
» mises, des magistrats éclairés et chargés
» de les exécuter, étaient sous vos yeux, à
» côté de vous ; vous avez méconnu leur voix,
» vous avez foulé aux pieds vos devoirs les plus
» sacrés, vous avez déchiré la Patrie. Hommes
» indignes de la liberté ! vous n'êtes faits que
» pour l'esclavage ; rappelez les rois et leur
» sceptre de fer ; eux seuls avaient raison de
» s'opposer à la révolution ; eux seuls avaient
» des intentions bienfaisantes ; et l'ancien
» régime, que vous avez eu la barbarie de
» détruire, était un gouvernement trop doux
» et trop juste pour vous ».

Loin de moi cette idée de vouloir excuser les
crimes de la révolution de Saint-Domingue, en

leur opposant des crimes encore plus grands;
mais le citoyen Vaublanc ne prend-il pas lui-
même la peine de justifier les crimes qui nous
ont affligés, et qui ne peuvent être imputés
qu'au petit nombre, en nous menaçant du haut
de la tribune du Corps législatif, de laquelle on
ne devrait entendre que les accens de la liberté,
de nous replonger dans l'esclavage? Il n'ignore
pas cependant, lui ancien propriétaire d'esclaves, ce qu'était l'esclavage; il a peut-être
été témoin des cruautés exercées sur les malheureux noirs, qui, victimes des caprices de
leurs anciens maîtres, dont quelques-uns
étaient bons, mais dont la plus grande partie
était des vrais bourreaux. Et que dirait-il, lui
Vaublanc, s'il était réservé au sort qu'il nous
destine, si, n'ayant que les mêmes droits à la
liberté que ceux que la nature nous donne, il
était à son tour réduit à l'esclavage? Supporte-
rait-il sans se plaindre les insultes, la misère,
les tortures des flagellations? et s'il avait eu le
bonheur de recouvrer sa liberté, entendrait-il
sans frissonner les hurlemens de celui qui
voudrait la lui arracher?.... Mais non; autant
il est indécent d'accuser le Peuple noir des
excès de quelques-uns de ses membres, autant
nous serions injustes d'accuser la France entière des excès du petit nombre des partisans
de l'ancien système. Moins éclairé que le
C. Vaublanc, nous savons néanmoins qu'il ne
doit exister chez les hommes, quelle que soit
leur couleur, qu'une seule distinction, celle
des bons d'avec les méchans. Les noirs, les
hommes de couleur et les blancs, quand ils sont

soumis aux lois, doivent être également protégés ; ils doivent être également réprimés
quand ils s'en écartent. Telle est mon opinion;
tels sont mes vœux, et j'en appelle à cet égard
à la justice des Européens qui sont restés ou
qui reviennent dans la Colonie; tôt ou tard ils
instruiront la France; ils détruiront les calomnies grossières du C.Vaublanc; ils lui ap-
prendront combien ont été perfides , injustes
et impolitiques ses déclamations.

QUATORZIEME ASSERTION.

« Le général Pageot , écrit le général Mir-
» donday, est ici comme tous les autres Géné-
» raux blancs, à qui il ne reste plus rien à faire.
» Toussaint Louverture , général noir, s'est
» emparé du Port-de-Paix , et dès-ce moment
» les révoltés se sont réunis à lui sans difficulté;
» ce qui nous a démontré que toutes les révoltes
» n'étaient que des jeux cruels concertés entre
» les noirs pour effrayer les Agens, s'emparer
» du pays, et avoir un prétexte pour vider
» les magasins et les arsenaux ».

J'avoue que je suis étonné de me voir accusé
ici par le général Mirdonday, que je ne connus
jamais; mais les désagrémens qu'il a éprouvés
à Saint-Domingue, l'abandon où il a été laissé,
font cesser ma surprise, parce que je sais que
le propre de l'infortune est de rendre les hommes injustes. En calomniant les noirs , le général Mirdonday croyait servir plus efficace-
cemet sa haine contre des Agens dont il avait à
se plaindre, parce qu'ils ne l'avaient pas employé; et voilà comment la vérité , sur la si-

tuation des Colonies, est portée en France; des
hommes dont l'espérance et les projets sont con-
trariés, cherchent à se venger par des calomnies,
et des hommes passionnés et prévenus présentent leurs aveux comme des faits incontestables.

La révolte n'était pas seulement dans les
montagnes du Port-de-Paix, mais encore dans
celles de Saint-Louis et du Borgne; les révoltés
du Port-de-Paix seulement se rendirent à moi
sans difficulté; je fus obligé, après avoir vaine-
ment employé les voies de la modération, de
dissiper par la force des armes les rassemble-
mens formés dans les deux autres quartiers,
et les troupes blanches qui m'accompagnèrent
dans cette expédition, ainsi que les officiers
européens qui y servirent sous mes ordres,
peuvent dire si je ne fus pas exposé plusieurs
fois à devenir la victime de ces hommes égarés.
Mais supposons qu'ils se fussent rendus sans
difficulté à la voix d'un homme qui, en combattant pour la liberté de ses frères, en veillant
à ce qu'il n'y soit point porté atteinte, leur
traça constamment, autant par ses actions
que par ses conseils, la route qu'ils devaient
tenir pour l'asseoir sur des bases solides;
supposons, dis-je, que ces derniers se fussent
rendus à lui sans difficulté comme ceux du
Port-de-Paix, et tant d'autres qu'il a eu le
bonheur de ramener de leurs égaremens par
l'effet de sa présence, doit-on lui faire un
crime de l'influence qu'il a acquise à si justes
titres sur ses frères, lorsqu'il ne l'a fait servir
qu'au bonheur de ses concitoyens et à la gloire
de son pays? Les ennemis de la liberté, et mes

ennemis personnels auraient-ils le droit de
m'accuser dans le sein du Corps législatif,
parce que j'ai rendu des services à la Colonie,
en rétablissant l'ordre et la paix, qui, depuis
un an, n'ont pas été un seul instant troublés (1)?

Pour répondre à la partie de la lettre du
général Mirdonday, dans laquelle il avance
que je donne plutôt des ordres à la Commission que je n'en reçois, je me contenterai de
répondre au Corps législatif que je tiens à sa
disposition ma correspondance avec la Commission du Gouvernement, dont la connaissance le convaincra de mon respect pour les
autorités et de mon obéissance aux lois. J'ai pu
quelquefois me permettre des représentations
sur des mesures que je jugeais contraires aux
intérêts de la Colonie ; mais tout citoyen a ce
droit, et il doit être approuvé quand l'intérêt
public l'anime.

Tel est, citoyens Directeurs, le bref exposé
de ma conduite à Saint-Domingue, et la réponse qu'il était de mon honneur et de mon
devoir de faire à un homme qui attaquait
notre liberté. Privés des nouvelles de notre
Patrie adoptive depuis plus d'un an, entourés
d'embûches, obligés d'obéir à un homme qui

___

(1) Le chef-de-brigade Morpas, officier noir, que ma
confiance plaça au Port-de-Paix après que j'y eus rétabli
l'ordre, a su l'y maintenir par une conduite digne d'éloge,
et qui est bien faite pour imposer silence aux ennemis des
noirs. Par ses soins, la culture y a repris sa vigueur; l'union
entre les citoyens de toutes les couleurs a succédé à leurs
dissentions, et ce quartier ne le cède maintenant plus à
ceux qui ont été exempts des maux qui l'ont trop long-
tems affligé.

méditait notre ruine , et tentait sourdement
d'arracher cette Colonie à la France , notre
attachement à la république a été notre seule
boussole. D'un autre côté , abreuvés d'humiliations par les ennemis incorrigibles de notre
nouvelle existence politique , notre amour pour
la Mère-Patrie ne s'est pas réfroidi ; tous nos
sentimens et toutes nos espérances ont été et
seront constamment tournées vers elle. Voilà
notre profession de foi. Nous serons toujours
fidèles aux engagemens que nous avons con-
tractés avec elle , comme nous sommes convaincus de sa constante affection et de sa sol-
licitude pour ses enfans de Saint-Domingue.

Tout ce que les ennemis des principes qu'elle
a décrétés pour Saint-Domingue pourront vous
dire pour affaiblir à vos yeux l'attachement
inviolable à la France et à sa Constitution ,
des généraux noirs et de couleur, ne leur fera
jamais enfreindre le serment qu'ils ont fait de
vivre libres et Français : ils préféreront toujours s'ensevelir sous les ruines de leur pays
plutôt que d'y voir revivre l'esclavage , plutôt
que de passer sous une domination autre que
celle de la France , qui les a déclarés libres ; on
aura beau les calomnier , ils ne changeront
jamais de principes ; et , sûrs de ceux que vous
professez, ils mépriseront leurs calomniateurs.

Au Cap , le 8 Brumaire , l'an sixième de
la République française , une et indivisible.

Salut et respect.

Signé , TOUSSAINT-LOUVERTURE.

CORPS LÉGISLATIF

CONSEIL DES CINQ-CENTS.

DISCOURS

PRONONCÉ

PAR MENTOR,

REPRÉSENTANT DU PEUPLE,

Député par la Colonie de Saint - Domingue ,

Dans la séance du 12 prairial an 6.

CITOYENS COLLÈGUES,

Le serment que je viens de prononcer à cette tribune comme représentant du peuple , je le repète au nom de tous mes frères les noirs et les hommes de couleur des colonies françaises.

Ils jurent tous par mon organe haine à la royauté, ceux qui, naguère, plongés dans l'esclavage, placés entre les larmes et le désespoir , livrés à toutes les

3   A

tortures inventées par l'avarice coloniale, maudissoient la nature qui sembloit en quelque sorte les avoir abandonnés au despotisme de leurs semblables.

Graces vous soient rendues, représentans du peuple ! graces soient rendues au génie philanthropique de ce siècle ! vous avez senti que la philosophie, la dignité de l'espèce humaine, ne suivoient point la loi des climats ; que la différence des couleurs n'en devoit établir aucune dans les droits, et qu'enfin, sous la zone torride comme sous les zones tempérées, la saine morale, les vertus et le patriotisme pouvoient également animer l'homme.

Ils jurent fidélité à la constitution de l'an 3, ceux qui, devenus citoyens, ont été appelés à l'honneur de siéger parmi les magistrats suprêmes de la grande nation.

L'espoir des gens de bien n'est donc plus chimérique ; le chaînon des mêmes intérêts, des mêmes sentimens, commence à unir l'Europe à l'Amérique, à l'Afrique et à l'Asie.

Ils jurent enfin attachement à la France, ceux qui, dans cette nation généreuse, ont trouvé une patrie, des protecteurs, des frères.

En vain la faction qui fut écrasée le 18 fructidor avoit circonvenu de ses moyens perfides quelques chefs à Saint-Domingue.

En vain espéroit-elle leur faire méconnoître l'autorité nationale dans la personne de l'agent du pouvoir exécutif (1), que l'on présentoit à leurs yeux, accusé et proscrit par le Corps législatif lui-même : elle ne put réussir à gagner dans leur esprit ce degré de confiance dont elle avoit besoin pour les réunir sous les bannières du royalisme.

---

(1) Notre collègue Sonthonax qui, le 29 août 1793 (v. st.), a proclamé la Liberté des noirs en Amérique.

La masse du peuple des colonies n'a point cessé de
se montrer soumise à l'autorité légitime, et les preuves
de dévouement qu'elle a données à la mère-patrie dans
ces circonstances critiques, ont seules déconcerté les
projets des factieux, arrêté bien des crimes qui eussent
renouvelé les scènes d'horreur dont elle fut si long-
temps le théâtre.

Si à cette époque où il étoit question de rapporter
la loi du 16 pluviôse an 2, où *Vaublanc* et *ses complices* lançoient mille imprécations contre la *liberté* et
ceux qui l'avoient fondée ; si à cette époque, dis-je,
les noirs n'en sont pas moins restés fidèles à la France,
et n'ont pas moins défendu son territoire contre les
ennemis les plus *barbares*, les plus *atroces*, les plus
lâches, contre les *Anglais* en un mot, que ne devez-
vous pas espérer d'eux, actuellement que le canon de
l'immortelle journée du 18 fructidor a retenti jusqu'à
Saint-Domingue, et leur a annoncé la consolidation
de leurs droits politiques ! Au reste, quelle que soit l'ardeur que je mette à repousser les calomnies dirigées
contre les républicains noirs et de couleur, je suis
loin d'excuser les fautes graves dont quelques-uns d'entre
eux se sont rendus coupables.

Autant je déploierai d'énergie à les défendre lorsqu'ils
seront injustement attaqués, autant j'en montrerai pour
dénoncer et poursuivre ceux qui, par des motifs d'ambition personnelle, pourroient se rendre traîtres à la République.

DE L'IMPRIMERIE NATIONALE.
Prairial an 6.

CORPS LÉGISLATIF.

CONSEIL DES CINQ-CENTS.

DISCOURS

PRONONCÉ

PAR MENTOR,

Sur le projet de résolution tendant à faire annuller les dettes contractées pour achat de Noirs.

Séance du 24 Vendémiaire an 7.

REPRÉSENTANS DU PEUPLE,

Lorsque tous les ressorts de l'humanité étoient brisés, des individus n'auroient peut-être pas rougi de réclamer publiquement des indemnités pour une cause qui ravale l'espèce humaine. Mais aujourd'hui ces ressorts sont rétablis & tendus dans toutes les ames honnêtes, pour repousser de semblables réclamations.

3   A

Le temps n'eſt plus où le Français avoit des eſclaves ; il ne doit plus avoir que des égaux & des frères.

Il eſt inutile de diſcuter ici les droits inviolables de l'homme en général : quelle que ſoit ſa couleur , il a les mêmes inclinations, le même cœur, les mêmes affections, le même penchant , à de légères nuances près. Cela ſuffit pour n'en faire qu'un même être, jouiſſant des mêmes priviléges , & libre par eſſence. Laiſſons au phyſique prendre la teinte des différens climats , variée ſelon les différens degrés de tempéature, & conſervons au moral ſon uniformité , puiſqu'elle exiſte par-tout. Il n'y a que la cupidité & l'avarice inſatiables qui aient pu obſurcir ces idées ſimples , & tracer une ligne de démarcation entre les blancs & les noirs, affreuſe ligne ! heureuſement détruite par la philoſophie.

Ce ſeroit vous faire injure, citoyens collègues, ſi je m'arrêtois à vous prouver qu'aucune puiſſance n'étoit excuſable de permettre d'acheter ou de vendre l'homme. Cet horrible trafic eſt contre l'ordre de la nature, & ſubverſif de toutes les vertus. Celui qui n'a point de répugnance à s'y livrer mérite (tranchons les termes) d'être vendu , & d'être réduit dans le plus dur eſclavage.

Si vous accordiez aux marchands de noirs l'objet de leur demande, ce ſeroit, en quelque ſorte, reconnoître, par cette faveur, la légitimité d'une dette qui n'eſt cependant fondée que ſur la plus révoltante des injuſtices. S'ils éprouvent des beſoins ; ſi le malheur s'appeſantit ſur eux , à leur tour, eh bien ! qu'ils invoquent les ſecours de la bienfaiſance nationale ; mais qu'ils ne déshonorent point l'humanité, en reſſuſcitant des ſouvenirs auſſi douloureux qu'humilians pour les infortunés Africains & leurs deſcendans. Que la perte d'un vil métal expie au moins le crime d'avoir oſé commercer ſur leurs ſemblables. Les ſueurs, les larmes, les fatigues des noirs ſont d'une aſſez grande compenſation : quel prix a donc l'or, ſi de pareils dédommagemens ne ſuffiſent point!.. Sous ce rapport, la métropole ne doit rien à ces particuliers pour les noirs.

Des tyrans, des oppresseurs, doivent s'appliquer à faire oublier leurs torts, au lieu de les rappeler par une demande auffi étrange qu'injufte. Un génie tout-puiffant, un génie tutélaire, a dérangé leurs fpéculations abominables, & ils n'ont fait, ces hommes avides, que fubir une chance qu'ils ne prévoyoient point.

Légiflateurs, êtes-vous refponfables, pour la nation, de ces fortes d'engagemens? avoit-elle conclu un pacte avec eux? Quand bien même la France monarchique l'eût fait, il feroit à préfent de toute nullité.

Hommes durs, hommes impitoyables, qu'avez-vous à réclamer? pourquoi, dans un fénat auffi augufte, fecouez-vous encore dans le lointain les fers de l'efclavage?

Ces noirs font-ils des troupeaux, pour que vous mettiez un prix à leur liberté? Allez, tout eft perdu pour vous à cet égard. Les efclaves ne font plus, ils font morts pour vous; des hommes, des cultivateurs, des défenfeurs de la patrie les ont remplacés.

Les Légiflateurs ne peuvent, fans violer les principes, donner le fceau de leur approbation à la demande faite par ces odieux fpéculateurs. De quels éloges les amis de l'humanité ne font-ils pas redevables à votre commiffion, qui, pénétrée, par fon propre fentiment, de la liberté de l'homme, vous a propofé d'annuller toutes les dettes contractées pour achat de noirs! Ce fut la Convention nationale qui, la première, eut le courage de s'affranchir de préjugés atroces, de rendre à fa dignité primitive une portion de l'efpèce humaine, & de détruire, par la loi du 16 pluviôfe an 2, l'infame trafic que l'on en faifoit auparavant. Pour ma part, j'aime à lui payer le tribut de reconnoiffance qu'elle mérite par cet article de philanthropie, qui l'immortalife autant que fes autres travaux.

Vous ne démentirez point, citoyens collègues, les efpérances flatteuses que mes compatriotes ont conçues de votre sagesse & de votre humanité.

Vous suivrez aussi l'exemple touchant qui vous a été transmis par les fondateurs de la république. Plein de confiance en votre justice, j'aime à croire que vous voterez avec moi en faveur de la résolution qui vous est présentée par votre commission.

DE L'IMPRIMERIE NATIONALE.
Brumaire an 7.

CORPS LÉGISLATIF.

CONSEIL DES CINQ-CENTS.

MOTION D'ORDRE

FAITE

PAR P. THOMANY,

DÉPUTÉ DU DÉPARTEMENT DU NORD
DE SAINT-DOMINGUE,

Sur l'anniversaire de la liberté des noirs dans les colonies françaises.

Séance du 16 pluviôse an 7.

REPRÉSENTANS DU PEUPLE,

Ce jour est un jour de fête pour tous les amis de l'humanité. L'événement qu'il rappelle me retrace de si délicieux souvenirs, il fut si heureux pour tous

3   A

les Africains et leurs descendans, que je n'ai pu résister au desir d'épancher mon cœur reconnoissant, et de me rendre l'interprète d'une race trop long - temps infortunée qui, frustrée, plusieurs siècles, des droits de la nature, gémissoit sous la plus affreuse oppression, en sentoit l'injustice, et osoit pourtant à peine espérer la liberté.

Le 16 pluviose, la Convention nationale qui s'étoit acquis tant de titres à la haine des rois, parce qu'elle avoit tout fait pour la liberté des peuples, satisfit au vœu des philosophes. L'orgueil, l'insatiable cupidité résistent en vain ; cette étonnante assemblée qui avoit vu sans effroi tous les potentats de l'Europe conjurés, et qui n'en avoit pas moins suivi sa généreuse carrière, auroit-elle sacrifié les principes aux calculs, aux vues mercantiles de quelques planteurs inhumains ?

Quand les intérêts de la métropole eussent pu être lésés par cet acte de justice, la Convention ne l'eût pas moins prononcé ; la volonté du peuple généreux qu'elle représentoit ne l'eût pas moins sanctionné. Mais ici, citoyens représentans, l'humanité ne fut pas contrariée par la politique ; sans cette loi bienfaisante qui, en donnant à la patrie de nouveaux enfans, lui donna de nouveaux défenseurs, l'avide Anglais régneroit exclusivement aux Antilles, et le drapeau tricolor ne flotteroit plus dans le Nouveau-Monde.

Vous entretiendrai-je de l'heureuse révolution que la liberté a opérée dans les colonies ? vous y verriez succéder l'aisance à la misère, la joie aux larmes, les douces affections qui honorent l'homme libre ; aux craintes pusillanimes, à l'engourdissement, à l'espèce de stupidité qui caractérisent les esclaves. Vous y verriez les mariages se multiplier, la population s'accroître ; vous n'auriez plus à gémir, comme autrefois, en voyant la moitié des enfans périr par défaut de soins, à une époque peu éloignée de leur naissance.

Je l'avouerai avec douleur, il est des hommes dans la caste affranchie, qui se sont montrés peu dignes de leur nouvel état; il en est qui, revêtus du commandement, ont méconnu l'autorité nationale, qui l'ont outragée sans ménagement. Mais vous saurez distinguer quelques perfides qui n'excite parmi nous que le sentiment du mépris et de l'horreur, qui sont d'ailleurs en très-petit nombre; vous saurez, dis-je, les distinguer de cette grande famille régénérée qui aime et qui chérit la mère-patrie.

Les habitans des îles ne peuvent faire partie que du peuple où leurs représentans siégeront dans le Conseil de la Nation, où ils seront traités avec cette égalité que la France leur a fait connoître.

Je l'atteste ici, citoyens collègues, avec la plus intime conviction : le Français n'a point d'ami plus ardent, la République n'a pas de citoyen plus zélé que celui devenu libre; les liens les plus puissans sont fondés sur l'affection. D'autres que moi pourroient vous tracer des tableaux éloquens : il en est un bien magnifique, que mes foibles moyens ne me permettent pas de vous peindre, mais qui s'offrira fortement à votre pensée, qui, malgré la distance des lieux, excitera dans vos cœurs les plus vives émotions, qui fera couler de douces larmes de vos yeux. C'est le spectacle de deux millions d'hommes que la la plus belle des fêtes invite aujourd'hui à la plus vive alégresse; qui, tantôt les yeux fixés vers le ciel, tantôt vers le rivage où arrivent les vaisseaux de la nation libératrice, confondent, dans leurs transports, et les remerciemens qu'ils adressent à la divinité, et les sentimens de reconnoissance qu'ils expriment à leurs généreux bienfaiteurs.

Dans ces circonstances, je propose au Conseil de renvoyer à la commission des institutions républicaines l'examen de la question de savoir : Si le 16 pluviose, anniversaire de la liberté des noirs, ne doit pas être célébré comme fête nationale dans les Colonies ?

A PARIS, DE L'IMPRIMERIE NATIONALE.
Pluviose an 7.

CONSTITUTION

DE LA COLONIE FRANÇAISE

DE SAINT-DOMINGUE.

Du 17 Août 1801, (29 Thermidor an 9.)

Lᴇꜱ députés des départemens de la colonie française de Saint-Domingue, réunis en assemblée centrale, ont arrêtés et posés les bases constitutionnelles d'un régime de la colonie française de Saint-Domingue, ainsi qu'il suit :

TITRE PREMIER.

Du Territoire.

ARTICLE PREMIER.

Saint-Domingue dans toute son étendue, et *Samana*, *la Tortue*, *la Gonave*, *les Caïemites*, *l'Ile-à-Vache*, *la Saone*, et autres îles adjacentes, forment le territoire d'une seule colonie, qui fait partie de l'Empire français, mais qui est soumise a des lois particulières.

2. Le territoire de cette colonie se divise en départemens, arrondissemens et paroisses.

TITRE II.

De ses habitans.

3. Il ne peut exister d'esclave sur ce territoire; la servitude y est à jamais abolie. Tous les hommes y naissent, vivent et meurent libres et français.

4. Tout homme, quelque soit sa couleur, y est admissible à tous les emplois.

5. Il n'y existe d'autre distinction que celle des vertus et des talens, et d'autre supériorité que celle que la loi donne dans l'exercice d'une fonction publique. La loi y est la même pour tous, soit qu'elle punisse, soit qu'elle protège.

A

TITRE III.

DE LA RELIGION.

6. La religion catholique, apostolique et romaine, y est la seule publiquement professée.

7. Chaque paroisse pourvoit à l'entretien du culte religieux et de ses ministres. Les biens de fabriques sont spécialement affectés à cette dépense, et les maisons presbytériales, au logement des ministres.

8. Le Gouvernement de la colonie assigne à chaque ministre de la religion l'étendue de son administration spirituelle, et ses ministres ne peuvent jamais, sous aucun prétexte, former un corps dans la colonie.

TITRE IV.

DES MŒURS.

9. Le mariage, par son institution civile et religieuse, tendant à la pureté des mœurs, les époux qui pratiqueront les vertus, qu'exigent leur état, seront toujours distingués et spécialement protégés par le Gouvernement.

10. Le divorce n'aura pas lieu dans la colonie.

11. L'état et les droits des enfans nés hors mariage seront fixés par des lois qui tendront à répendre et à entretenir les vertus sociales, à encourager et cimenter les liens de familles.

TITRE V.

DES HOMMES EN SOCIÉTÉ.

12. La Constitution garantit la liberté et la sûreté individuelle. Nul ne peut être arrêté qu'en vertu d'ordres formellement exprimés, émanés d'un fonctionnaire, auquel la loi donne le droit de faire arrêter, ni détenu que dans un lieu publiquement désigné.

13. La propriété est sacrée et inviolable. Toute personne, soit par elle-même, soit par ses représentans, a la libre disposition et administration de ce qui est reconnu lui appartenir. Quiconque porte atteinte à l'exercice de ce droit, se rend criminel envers la société, et responsable envers la personne troublée dans sa propriété.

TITRE VI.

DES CULTURES ET DU COMMERCE.

14. La colonie, étant essentiellement agricole, ne peut souffrir la moindre interruption dans les travaux de ses cultures.

15. Chaque habitation est une manufacture qui exige une réunion de cultivateurs et ouvriers. C'est l'asyle tranquille d'une active et constante famille, dont le propriétaire du sol, ou son représentant, est nécessairement le père

16. Chaque cultivateur et ouvrier est membre de la famille, et portionnaire dans les revenus.

Tout changement de domicile de la part des cultivateurs, entraîne la ruine des cultures. Pour réprimer un vice aussi funeste à la colonie que contraire à l'ordre public, le gouverneur fait tous les réglemens de police que les circonstances nécessitent, et conformes aux bases du réglement du 20 vendémiaire an 9 et de la proclamation du 19 pluviose suivant du général en chef Toussaint-Louverture.

17. L'introduction des cultivateurs, indispensables au rétablissement et à l'accroissement des cultures, aura lieu à Saint-Domingue. La constitution charge le gouverneur de prendre les mesures convenables pour encourager et favoriser cette augmentation de bras ; stipuler et balancer les divers intérêts, assurer et garantir l'exécution des engagemens respectifs résultans de cette introduction.

18. Le commerce de la colonie ne consiste uniquement que dans l'échange des denrées et productions de son territoire ; en conséquence l'introduction de celles de même nature que les siennes ; est et demeure prohibée.

TITRE VII.

DE LA LÉGISLATION ET DE L'AUTORITÉ LÉGISLATIVE.

19. Le régime de la colonie est déterminé par des lois proposées par le Gouverneur, et rendues par une assemblée d'habitans, qui se réunissent à des époques fixes au centre de la colonie, sous le titre d'*Assemblée centrale de Saint-Domingue.*

20. Aucune loi relative à l'administration intérieure de la colonie, ne pourra y être promulguée, si elle n'est revêtue de cette formule :

L'Assemblée centrale de Saint - Domingue, sur la proposition du Gouverneur, rend la loi suivante.......

A 2

21. Aucune loi ne sera obligatoire pour les citoyens, que du jour de la promulgation aux chefs-lieux des départemens.

La promulgation de la loi a lieu ainsi qu'il suit : » *Au nom de la colonie* » *française de Saint-Domingue , le Gouverneur ordonne que la loi ci-dessus* » *sera scellée, promulguée et exécutée dans toute la colonie.* »

22. L'Assemblée centrale de Saint-Domingue, est composée de deux députés par département , lesquels, pour être éligibles , devront être âgés de trente ans au moins, et avoir résidé cinq ans dans la colonie.

23. L'assemblée est renouvelée tous les deux ans par moitié.

Nul ne peut en être membre pendant six années consécutives.

L'élection a lieu ainsi : les administrations municipales nomment tous les deux ans au 10 ventose, (premier mars) chacune un député, lesquels se réunissent dix jours après aux chefs-lieux de leurs départemens respectifs, où ils forment autant d'assemblées électorales départementales, qui nomment chacune un député à l'assemblée centrale.

La prochaine élection aura lieu au 10 ventose de la onzième année de la République française, (premier mars 1803.)

En cas de décès, démission, ou autrement, d'un ou plusieurs membres de l'assemblée, le gouverneur pourvoit à leur remplacement.

Il désigne également, les membres de l'assemblée centrale actuelle qui , à l'époque du premier renouvellement, devront rester membres de l'assemblée pour deux autres années.

24. L'assemblée centrale vote l'adoption ou le rejet des lois qui lui sont proposées par le gouverneur : elle exprime son vœu sur les réglemens faits et sur l'application des lois déjà faites, sur les abus à corriger, sur les améliorations à entreprendre dans toutes les parties du service de la colonie.

25. La session commence chaque année le 1er. germinal, (22 mars,) et ne peut excéder la durée de trois mois. Le gouverneur peut la convoquer extraordinairement.

Ses séances ne sont pas publiques.

26. Sur les états des recettes et dépenses, qui lui sont présentés par le gouverneur, l'assemblée centrale détermine s'il y a lieu, l'assiette, la quotité, la durée et le mode de perception de l'impôt, son accroissement ou sa diminution.

Ces états seront sommairement imprimés.

TITRE VIII.

DU GOUVERNEMENT.

27. Les rênes administratives de la colonie sont confiés à un gouverneur, qui correspond directement avec le gouvernement de la métropole, pour tout ce qui est relatif aux intérêts de la colonie.

28. La constitution nomme gouverneur, le citoyen Toussaint-Louverture, général en chef de l'armée de Saint-Domingue; et en considération des importans services que ce général a rendus à la colonie, dans les circonstances les plus critiques de la révolution, et sur le vœu des habitans reconnaissans, les rênes lui sont confiées pendant le reste de sa glorieuse vie.

29. A l'avenir, chaque gouverneur sera nommé pour cinq ans, et pourra être continué en raison de sa bonne administration.

30. Pour affermir la tranquillité que la colonie doit à la fermeté, à l'activité, au zèle infatigable et aux vertus rares du général Toussaint-Louverture, et en signe de la confiance illimitée des habitans de Saint-Domingue, la constitution attribue exclusivement à ce général, le droit de choisir le citoyen qui, au malheureux événement de sa mort, devra immédiatement le remplacer.

Ce choix sera secret; il sera consigné dans un paquet cacheté, qui ne pourra être ouvert que par l'assemblée centrale, en présence de tous les généraux de l'armée de Saint-Domingue, en activité de service, et des commandans en chef des départemens.

Le général Toussaint-Louverture prendra toute les mesures de précautions nécessaires, pour faire connaître à l'assemblée centrale, le lieu du dépôt de cet important paquet.

31. Le citoyen qui aura été choisi par le général Toussaint-Louverture, pour prendre à sa mort les rênes du gouvernement, prêtera entre les mains de l'assemblée centrale le serment d'exécuter la constitution de Saint-Domingue, et de rester attaché au gouvernement français, et sera immédiatement installé dans ses fonctions; le tout en présence des généraux de l'armée, en activité de service, et des commandans en chef des départemens, qui tous individuellement, et sans désemparer, prêteront, entre les mains du nouveau gouverneur, serment d'obéissance à ses ordres.

32. Un mois au plus tard avant l'expiration des cinq ans fixés pour l'administration de chaque gouverneur, celui qui sera en fonction, convoquera l'assemblée centrale, et la réunion des généraux de l'armée, en activité, et

des commandans en chef des départemens, au lieu ordinaire des séances de l'assemblée centrale, à l'effet de nommer concurremment avec les membres de cette assemblée, un nouveau gouverneur, ou continuer celui qui est en fonction.

33. Le défaut de convocation de la part du gouverneur en fonction, est une infraction manifeste à la constitution.

Dans ce cas, le général le plus élevé en grade, et le plus ancien à grade égal, qui se trouve en activité de service dans la colonie, prend de droit et provisoirement les rênes du gouvernement. Ce général convoque immédiatement les autres généraux en activité, les commandans en chef des départemens, et les membres de l'assemblée centrale, qui tous sont tenus d'obéir à la convocation, à l'effet de procéder concurremment à la nomination d'un nouveau gouverneur.

En cas de décès, démission ou autrement, d'un gouverneur, avant l'expiration de ses fonctions, le Gouvernement passe de même provisoirement, entre les mains du général le plus élevé en grade, et le plus ancien, à grade égal, lequel convoque aux mêmes fins que ci-dessus, les membres de l'assemblée centrales, les généraux en activité de service et les commandans en chef des départemens.

34. Le gouverneur scelle et promulgue les lois; il nomme à tous les emplois civils et militaires.

Il commande en chef la force armée, et est chargé de son organisation. Les bâtimens de l'état en station dans le port de la colonie, reçoivent ses ordres.

Il détermine la division du territoire de la manière la plus commode aux relations intérieures.

Il veille et pourvoit, d'après les lois, à la sûreté intérieure et extérieure de la colonie; et attendu que l'état de guerre est un état d'abandon, de ruine et de nullité pour la colonie, le gouverneur est chargé de prendre, dans cette circonstance, les mesures qu'il croit nécessaires, pour assurer à la colonie ses subsistances et approvisionnemens de toute espèce.

35. Il exerce la police générale des habitations et des manufactures, et fait observer les obligations des propriétaires, fermiers, ou de leurs représentans, envers les cultivateurs et ouvriers, et les devoirs des cultivateurs et ouvriers envers les propropriétaires, fermiers, ou leurs représentans.

36. Il fait à l'assemblée centrale, la proposition de la loi, de même que de tel changement à la Constitution, que l'expérience pourra nécessiter.

37. Il dirige, surveille la perception, le versement et l'emploi des finances de la colonie, et donne à cet effet tous les ordres quelconques.

38. Il présente, tous les deux ans, à l'assemblée centrale, les états des recettes, et des dépenses de chaque département, année par année.

39. Il surveille et censure, par la voie de ses commissaires, tout écrit destiné à l'impression dans l'île : il fait supprimer tous ceux venant de l'étranger, qui tendraient à corrompre les mœurs, ou à troubler de nouveau la colonie ; il en fait punir les auteurs ou colporteurs, suivant la gravité des cas.

40. Si le gouverneur est informé qu'il se trame quelque conspiration contre la tranquillité de la colonie, il fait aussitôt arrêter les personnes qui en sont présumées les auteurs ou les complices ; et après leur avoir fait subir un interrogatoire extrajudiciaire, il les fait traduire, s'il y a lieu, devant un tribunal compétent.

41. Le traitement du gouverneur est fixé quant à présent à 300,000 fr.
Sa garde d'honneur est aux frais de la colonie.

TITRE IX.

DES TRIBUNAUX

42. Il ne peut être porté atteinte au droit qu'ont les citoyens, de se faire juger amiablement par des arbitres à leur choix.

43. Aucune autorité ne peut suspendre ni empêcher l'exécution des jugemens rendus par les tribunaux.

44. La justice est administrée dans la colonie par des tribunaux de premières instances, et des tribunaux d'appel. La loi détermine l'organisation des uns et des autres, leur nombre, leur compétence, et le territoire formant le ressort de chacun.

Ces tribunaux, suivant leur degré de juridiction, connaissent de toutes affaires civiles et criminelles.

45. Il y a pour la colonie, un tribunal de cassation, qui prononce sur les demandes en cassation, contre les jugemens rendus par les tribunaux d'appels, et sur les prises à partie contre un tribunal entier.

Ce tribunal ne connaît point du fond des affaires, mais il casse les jugemens rendus sur des procédures, dans lesquelles les formes ont été violées, ou qui contiennent quelque contravention expresse à la loi, et renvoie le fond du procès au tribunal qui doit en connaître.

46. Les juges de ces divers tribunaux conservent leurs fonctions toute leur vie, à moins qu'ils ne soient condamnés pour forfaiture.

Les Commissaires du Gouvernement peuvent être révoqués.

47. Les délits des militaires sont soumis à des tribunaux spéciaux et à des formes particulières de jugement.

Ces tribunaux spéciaux connaissent aussi des vols et enlèvemens quelconques de la violation d'asyle, des assassinats, des meurtres, des incendies, du viol, des conspirations et révoltes.

Leur organisation appartient au gouverneur de la colonie.

TITRE X.

DES ADMINISTRATIONS MUNICIPALES.

48. Dans chaque paroisse de la colonie, il y a une administration municipale.

Dans celle où est placé un tribunal de première instance, l'administration municipale est composée d'un maire et de quatre administrateurs.

Le commissaire du gouvernement près le tribunal, remplit gratuitement les fonctions de commissaire près l'administration municipale.

Dans les autres paroisses, les administrations municipales sont composées d'un maire et de deux administrateurs, et les fonctions de commissaire près elles, sont remplies gratuitement par les substituts du commissaire près le tribunal d'où relèvent ces paroisses.

49. Les membres des administrations municipales sont nommés pour deux ans; ils peuvent être toujours continués.

Leur nomination est dévolue au gouverneur, qui, sur une liste de seize personnes au moins, qui lui est présentée par chaque administration municipale, choisit les personnes les plus propres à gérer les affaires de chaque paroisse.

50. Les fonctions des administrations municipales consistent dans l'exercice de la simple police des villes et bourgs, dans l'administration des deniers provenant du revenu des biens de fabriques et des impositions additionnelles des paroisses.

Elles sont en outre spécialement chargés de la tenue des registres des naissance, mariages et décès.

51. Les maires exercent des fonctions particulières que la loi détermine.

9

TITRE XI.
DE LA FORCE ARMÉE.

5a. La force armée est essentiellement obéissante ; elle ne peut jamais délia bérer ; elle est à la disposition du gouverneur, qui ne peut la faire mettre en mouvement que pour le maintien de l'ordre public et la protection due à tous les citoyens, et la défense de la colonie.

53. Elle se divise en garde coloniale soldée, et en garde coloniale non soldée.

54. La garde coloniale non soldée ne sort des limites de sa paroisse, que dans le cas d'un danger imminent, et sur l'ordre et sous la responsabilité personnelle du commandant militaire ou de place.

Hors des limites de sa paroisse, elle devient soldée, et soumise dans ce cas à la discipline militaire ; dans tout autre elle n'est soumise qu'à la loi.

55. La gendarmerie coloniale fait partie de la force armée, elle se divise en gendarmerie a cheval et en gendarmerie à pied.

La gendarmerie a cheval est instituée pour la haute police et la sûreté des campagnes. Elle est à la charge du trésor de la colonie.

La gendarmerie à pied est instituée pour la police des villes et bourgs ; elle est à la charge des villes et bourgs ou elle fait son service.

56. L'armée se recrute sur la proposition qu'en fait le gouverneur à l'assemblée centrale, et suivant le mode établi par la loi.

TITRE XII
DES FINANCES, DES BIENS DOMANIAUX, SÉQUESTRÉS ET VACANS.

57. Les finances de la colonie se composent, 1 des droits d'importation et d'exportation, de pesage et de jeaugeage ; 2.° des droits sur la valeur locative des maisons, des villes et bourgs, de ceux sur le produit des manufactures autres que celles des cultures, et sur celui des salines ; 3.° du revenu des bacs et postes ; 4.° des amendes, confiscations et épaves ; 5° du droit de sauvetage sur les bâtimens naufragés ; 6° du revenu des domaines coloniaux.

58. Le produit des fermages des biens séquestrés sur les propriétaires absens, et non représentés, fait provisoirement partie du revenu public de la colonie, et est appliqué aux dépenses d'administration.

Les circonstances détermineront les lois qui pourront être faites relativement

à la dette publique arriérée, et aux fermages des biens séquestrés,
par l'administration dans un tems antérieur à la promulgation de la présente
Constitution, et à l'égard de ceux qui auront été perçus dans un tems postérieur,
ils seront exigibles et remboursés dans l'année qui suivra la levée du séquestre
du bien.

59. Les fonds provenans de la vente du mobilier et du prix des fermages
des successions vacantes, ouvertes dans la colonie sous le Gouvernement français depuis 1789, seront versés dans une caisse particulière, et ne seront disponibles, et les immeubles réunis aux domaines coloniaux, que deux ans après la
publication de la paix dans l'île, entre la France et les puissances maritimes :
bien entendu que ce délai n'est relatif qu'aux successions, dont le délai de
cinq ans, fixé par l'édit de 1781, serait expiré : et à l'égard de celles ouvertes
à des époques rapprochées de la paix, elles ne pourront être disponibles et
réunies qu'à l'expiration de sept années.

60. Les étrangers succédant en France à leurs parens étrangers ou français,
leur succéderont également à Saint-Domingue ; ils pourront contracter, acquérir, et recevoir des biens situés dans la colonie, et en disposer, de même
que les français, par tous les moyens autorisés par les lois.

61. Le mode de perception et d'administration des finances, des biens domaniaux,
séquestrés et vacans, sera déterminé par les lois.

62. Une commission temporaire de comptabilité régle et vérifie les comptes
des recettes et des dépenses de la colonie.

Cette commission est composée de trois membres choisis èt nommé par le
gouverneur.

TITRE XIII.

DISPOSITIONS GÉNÉRALES.

63. La maison de toute personne est un asyle inviolable. Pendant la nuit
nul n'a le droit d'y entrer, que dans le cas d'incendie, d'inondation ou de
réclamation venant de l'intérieur.

Pendant le jour, on peut y entrer pour un objet spécial, déterminé ou par
une loi ou par un ordre émané d'une autorité publique.

64. Pour que l'acte qui ordonne l'arrestation d'une personne, puisse être
exécuté, il faut, 1°. qu'il exprime formellement le motif de l'arrestation et
la loi en exécution de laquelle elle est ordonnée ; 2°. qu'il émane d'un fonctionnaire à qui la loi ait formellement donné le pouvoir de faire arrêter ; 3°.
qu'il soit donné copie de l'ordre à la personne arrêtée.

65. Tous ceux qui n'ayant point reçu de la loi le pouvoir de faire arrêter, donneront, signeront, exécuteront ou feront exécuter l'arrestation d'une personne, seront coupables du crime de détention arbitraire.

66. Toute personne a le droit d'adresser des pétitions individuelles à toute autorité constituée, et spécialement au gouverneur.

67. Il ne peut être formé, dans la colonie, de corporations ni d'associations contraires à l'ordre public.

Aucune assemblée de citoyens ne peut se qualifier de société populaire.

Tout rassemblement séditieux doit être sur le champ dissipé, d'abord par voie de commandement verbal, et, s'il est nécessaire, par le développement de la force armée.

68. Toute personne a la faculté de former des établissemens particuliers d'éducation et d'instruction pour la jeunesse, sous l'autorisation et la surveillance des administrations municipales.

69. La loi surveille particulièrement les professions qui intéressent les mœurs publiques, la sûreté, la santé et la fortune des citoyens.

70. La loi pourvoit à la récompense des inventeurs des machines rurales, ou au maintien de la propriété exclusive de leurs découvertes.

71. Il y a, dans toute la colonie, uniformité de poids et mesures.

72. Il sera, par le gouverneur, décerné, au nom de la colonie, des récompenses aux guerriers qui auront rendus des services éclatans, en combattant pour la défense commune.

73. Les propriétaires absens pour quelque cause que ce soit, conservent tous leurs droits sur les biens à eux appartenans, et situés dans la colonie. Il leur suffira, pour obtenir la main-levée du séquestre qui y aurait été posé, de representer leurs titres de propriété, et à défaut de titres, des actes supplétifs dont la loi déterminera la formule.

Sont néanmoins exceptés de cette disposition, ceux qui auraient été inscrits et maintenus sur la liste générale des émigrés de France. Leurs biens dans ce cas continueront d'être administrés comme domaines coloniaux, jusqu'à leur radiation.

74. La colonie proclame, comme garantie de la foi publique, que tous les baux des biens affermés légalement par l'administration, auront leur entier effet, si les adjudicataires n'aiment mieux transiger avec les propriétaires ou leurs réprésentans, qui auraient obtenu la main-levée de leur séquestre.

75. Elle proclame que c'est sur le respect des personnes et les propriétés

que reposent la culture des terres, toutes les productions, tout moyen de travail et tout ordre social.

76. Elle proclame que tout citoyen doit ses services au sol qui le nourrit, ou qui l'a vu naître, au maintien de la liberté, de l'égalité et de la propriété, toutes les fois que la loi l'appelle à les défendre.

77. Le général en chef Toussaint Louverture est et demeure chargé d'envoyer la présente Constitution à la sanction du Gouvernement français ; néanmoins, et vu l'absence absolue des lois, l'urgence de sortir de cet état de péril, la nécessité de rétablir promptement les cultures, et le vœu unanime bien prononcé des habitans de Saint-Domingue, le général en chef, est et demeure invité, *au nom du bien public*, à la faire mettre à exécution dans toute l'étendue du territoire de la colonie

Fait au Port-Républicain, le 19 floréal an 9 de la République française, une et et indivisible.

BORGELLA, *président,* MARCEL, COLLET, GASTON - NOGERÉE, RAIMONT, LACOUR, ROXAS, MUGNO, ETIENNE VIART, *secrétaire.*

Après avoir pris connaissance de la Constitution, je lui donne mon approbation. L'invitation de l'assemblée centrale est un ordre pour moi ; en conséquence je la ferai passer au Gouvernement français pour obtenir sa sanction.

Quant à ce qui regarde son exécution dans la colonie, le vœu exprimé par l'assemblée centrale sera également rempli et exécuté.

Donné au Cap-Français, le 14 messidor an 9 de la République française, une et indivisible.

TOUSSAINT LOUVERTURE.

A PARIS, de l'Imprimerie du Dépôt des Lois, place du Carousel.

ACHEVE D'IMPRIMER LE 30 SEPTEMBRE 1968 PAR GALLI THIERRY,
MAITRE IMPRIMEUR A MILAN POUR LE COMPTE DE

EDHIS

EDITIONS D'HISTOIRE SOCIALE
10, RUE VIVIENNE A PARIS

IL A ETE TIRE 750 EXEMPLAIRES NUMEROTES SUR PAPIER
VERGE A LA MAIN, PLUS 30 EXEMPLAIRES HORS COMMERCE

EXEMPLAIRE N°   1 8 5

www.ingramcontent.com/pod-product-compliance
Lightning Source LLC
Chambersburg PA
CBHW050509270326
41927CB00009B/1960